浙江省社科规划课题成果

项目名称：美丽乡村建设背景下历史文化村落保护与利用研究——以舟山群岛为例

项目编号：18NDFC298YB

乡约海岛

舟山历史文化村落调查研究

贝武权　王文洪　著

燕山大学出版社

·秦皇岛·

序论

舟山历史文化村落价值
评价体系的构建

历史文化村落，又称传统村落、古村落、古村镇等，指形成较早，拥有较丰富的文化与自然资源，具有一定历史、文化、科学、艺术、经济、社会价值，应予以保护的乡村聚落形态。①海岛历史文化村落是以历史建筑为物质载体、以海洋文化为精神载体的海岛人文景观，是海岛价值、海岛人文、海洋历史多方面的结合体，蕴藏着浓厚的渔民文化底蕴和深厚的海岛文化气息。在深入了解舟山海岛历史文化村落价值特色的基础上，探索并建立一套适合其特点的价值评价体系和评价方法，发现问题，制定对策，明确保护规划方向，从而促进舟山在历史文化村落保护传承基础上实现科学、有机地更新。

一、舟山历史文化村落价值评价基本思路

在挖掘舟山历史文化村落的内涵与价值特色，提炼舟山海岛乡村"（海）岛、（渔）村、（石）屋"三大要素特色的基础上，对评价指标影响因子进行分类，并在此基础上对具有重要评估意义的价值影响因子进行遴选，借鉴国内常见的因子分析法提取出对舟山乡村价值体现贡献率较大的因子作为评价指标关键因子，增加相应分值比重，构建指标框架。

1.舟山历史文化村落价值评价基础

作为村落的一种类型，舟山历史文化村落具有与其他地区村落一样的

---

① 本书所述"村落"指乡村聚落形态，而非行政村概念，即有些已撤村建镇或已搬迁村，只要原村落形态还存在，也在本书研究范围内。

价值构成，但在海陆双重环境长期作用下，海岛乡村形成了独有的渔民社会结构、渔业经济结构、海洋文化结构，形成了舟山历史文化村落最具地方特点的"（海）岛、（渔）村、（石）屋"三大要素。

这些最终都体现在乡村空间结构与居民生活形态上，并通过选址布局、建筑风貌、非物质文化三类要素传递出来，它们就像拼图的三个碎片，彼此叠加组合，勾画出舟山历史文化村落异于其他地区村落独有的形态气质。因此，选址布局、建筑风貌、非物质文化三类显性与隐性要素构成舟山传统渔农村价值评价的基础（见表1）。

表 1　历史文化村落价值构成要素分类

物质要素（显性）	非物质要素（隐性）
岛、山、水、植被等自然环境要素，街巷广场等聚落环境要素，居民、祠堂、社屋、牌坊、塔、桥等建筑与构筑物	传统民俗 历史影响 传统曲艺和杂技、风水观念

2. 舟山历史文化村落价值评价指标影响因子分析

舟山得天独厚的海洋资源是传统渔农村产生、变迁及未来发展的根本，因此应将其作为独立内容纳入评估影响因子考量范畴。

一是物质文化价值，包括：（1）区域位置；（2）地理特征；（3）空间形态；（4）街巷空间；（5）建筑遗存；（6）建筑结构与技术。

二是非物质文化价值，包括：（7）历史影响；（8）宗教特征；（9）民族特色；（10）生活延续。

三是海洋资源价值，包括：（11）实物资源；（12）空间资源；（13）生态系统服务。

评价指标影响因子既要尽可能顾及全面，同时也要突出地域特色与评价重点。

3. 舟山历史文化村落价值评价影响因子遴选

遴选原则：一是价值特色原则——着重体现舟山传统渔农村"（海）岛、（渔）村、（石）屋"三大要素特色；二是真实完整原则——原真性是文物古迹保存的基本要求，完整性是体现历史建筑价值、传统街巷风貌、聚落空间格局及环境特色的必要条件；三是景观美感原则——体现出村落在景观的生态质量、景色质量及敏感度方面的特色；四是简明合理原则——影响因子不能过多过细，使指标相互重叠，又不能过少过简，使必要的评价信息遗漏；五是专业差异原则——舟山海洋资源内容广泛，包含文化、景观、开发等多层面，但是限于专业局限，也为突出重点，简化体系，本研究主要选择与村落密切关联的海洋景观作为评价对象（见表2）。

表2　舟山历史文化村落价值评价影响因子基本构成

	A	B	C
舟山历史文化村落价值评估	A1 物质文化	B1 自然环境	C1 聚落自然环境和谐度
			C2 自然生态环境完整性
			C3 自然生态环境美感度
		B2 空间形态	C4 整体形态风貌完整性
			C5 街巷空间格局完整性
			C6 空间形态风貌美观度
		B3 建筑遗产	C7 文物古迹保存真实性
			C8 乡土建筑保护完整性
			C9 建筑艺术文化价值性
	A2 非物质文化	B4 历史影响	C10 村镇历史沧桑久远度
			C11 历史事件名人影响度
			C12 村镇历史职能鲜明性
		B5 民俗文化	C13 传统文化民俗独特性
			C14 民俗风情工艺保持度
			C15 民俗稀有物产遗存度
		B6 生活延续	C16 村落原住民比例
	A3 海洋资源	B7 生态资源	C17 自然生态景观奇特度
			C18 半自然生态景观的和谐度
		B8 文化资源	C19 海洋人文历史的久远度
			C20 海洋文化科学价值的稀缺性

4. 舟山历史文化村落价值评价指标框架构建

空间形态、街巷空间、建筑遗存、建筑结构与技术、历史影响、民族特色、生活延续、实物资源基本涵盖了海岛乡村的重要价值，然而舟山海域辽阔，渔农村类型多元，海洋资源千差万别，因而必须对上述影响因子进一步遴选，明确对舟山历史文化村落价值评价具有决定性影响的关键因子，使评价指标影响因子既要尽可能全面，同时也要突出地域特色与评价重点。在遵循价值特色原则、真实完整原则、景观美感原则、简明合理原则、专业差异原则等五条遴选原则基础上，最终明确下述七项关键性因子：环境风貌、古迹建筑、民俗文化、街巷空间、价值影响、生活延续、海洋景观，它们基本反映了舟山历史文化村落的价值特色。

再经过选取，下述三大类、八小类、二十五项指标成为舟山海岛乡村价值评价体系基本构成（见表3）。

表3　舟山历史文化村落价值评价体系

	A	B	C	D
舟山历史文化村落价值评价体系	物质文化遗产	历史建筑、文物古迹	文物古迹价值	拥有文物保护单位的最高级别
			历史建筑的典型性及特色	拥有集中反映地方建筑特色的宅院府邸、祠堂、驿站、书院的数量
				拥有体现村镇特色、典型特征古迹（指城墙、牌坊、古塔、园林、古桥、古井、100年以上树龄的古树）的数量
			传统建筑建造工艺水平	传统建筑建造工艺水平
		历史传统街巷	历史街巷景观及规模	拥有保存较为完整的历史街巷的数量
				拥有传统建筑景观的最长历史街区长度
		聚落空间布局、自然环境	核心保护区风貌保存状况	核心区占地面积规模
				核心区现存历史建筑及环境占地面积占核心区全部用地面积的比例
			聚落历史建筑规模	现存历史传统建筑面积
			聚落环境及空间格局特色	聚落自然环境和谐优美度
				空间格局及功能特色
	非物质文化遗产	历史性	历史影响	现存建筑文物古迹最早修建年代
				历史事件或名人影响的等级
				重大历史事件发生地或名人生活居住地原有建筑保存完好情况
		文化性	文化民俗	拥有地方特色的传统节日、传统手工艺和传统风俗类型的数量
				源于本地并广为流传的诗词、传说、戏曲、歌赋的范围等级
		生活性	生活延续	保护核心区常住人口中原住民比例
	海洋景观	自然景观	自然生态景观	沿海山丘、海底山脉等地方的独特性
				海浪、海潮等海水景观独特性
				滨海生物、浮游生物的生物景观独特性
				海市蜃楼、冰山等天象气候景观独特性
		衍生资源	海洋人文景观	海洋历史实物遗存的类型与数理
				海洋人文活动的类型与数理
				海洋科学、教育的稀缺性
			海洋景观影响力	海洋景观知名度与美誉度

二、舟山历史文化村落价值评估体系构建

依据上述指标框架，综合考虑数据采集的方便性，同时参照国内外现行相关评价体系，形成舟山历史文化村落评价体系。为保证评估工作的全

面与深入，本体系最终拆解成四项专题评价，即村落空间格局与形态评价、村落传统建筑评价、村落非物质文化遗产评价、村落海洋景观评价体系。其中前两者为主要评价体系，各个村庄都可照此评估；后两者为附加评价体系，对具备相关要素的村庄进行评估时作为加分项目。

1. 舟山群岛村落格局与形态评价体系

乡村评价与民居、历史街区评价最大不同在于，村落更注重建筑群体组合环境及整体空间环境分析。反映村落空间布局和环境的因素很多，主要包括规划布局选址、传统建筑规模、聚落与自然环境和谐度，以及集中体现村落空间形态与风貌特色的传统街巷的占地规模等（见表4）。

表4　村落格局与形态评价指标体系

类别	序号	指标	指标分解	分值标准及释义	满分	得分
定量评估	1	历史久远度	村落现有选址形成年代	明清及以前，5分；民国，3分；新中国成立后，1分。	5	
	2	丰富度	现存历史环境要素种类	古河道、商业街、公共建筑、特色公共活动场地、堡寨、城门、码头、楼阁、古树及其他历史环境要素种类。每一种得2分，满分15分。	15	
	3	规模	传统街巷数量与长度	1~2条5分，3条及以上10分。	10	
				300米以下1分，301~500米3分，501米以上5分。	5	
定性评估	4	格局完整性	村落传统格局保存程度	村落保持良好的传统格局，街巷体系完整，传统公共设施利用率高，与生产生活保持密切联系，整体风貌完整协调，格局体系中无突出不协调新建筑，21~25分；村落基本保持了传统格局，街巷体系较为完整，传统设施活态使用，与生产生活有一定联系，格局体系中不协调新建筑少，不影响整体风貌，11~20分；村落保留了一定的集中连片格局，保持了较为完整的骨架体系，能较为完整看出原有的街巷体系，传统设施基本使用，格局体系中不协调新建筑较多，影响了整体风貌，6~10分；传统区保持了少量的传统基本骨架体系，能零散看出原有的街巷体系，传统设施完全不使用，传统区存在较多新建不协调建筑，风貌非常混乱，0~5分。	25	

类别	序号	指标	指标分解	分值标准及释义	满分	得分
定性评估	5	科学文化价值	村落选址、规划、营造反映的科学、文化、历史、考古价值	村落选址、规划、营造具有典型的地域、特定历史背景或民族特色，村落与周边环境能明显体现选址所蕴含的深厚的文化或历史背景，有很高的科学、文化、历史、考古价值，16~25分； 村落选址、规划、营造具有一定地域和文化价值，村落与周边环境能体现选址所蕴含的深厚的文化或历史背景，有较高的科学、文化、考古、历史价值，6~15分； 村落选址、规划、营造保持本地区普遍的传统生活特色，村落与周边环境勉强体现选址所蕴含的深厚的文化或历史背景，科学、文化、历史、考古价值一般，0~5分。	25	
	6	协调性	村落与周边优美的自然山水环境和传统的田园风光保有和谐共生的关系	村落周边环境保持良好，与村落和谐共生，清晰体现原有选址理念，11~15分； 村落周边环境有一定程度改变，但与村落较和谐，能够体现原有选址理念，5~10分； 村落周边环境遭受较为严重的破坏，与村落建设相冲突，几乎不能体现原有选址理念，0~4分。	15	
合计					100	

2. 舟山群岛村落传统建筑评价体系

从视觉景观角度分析，村落所有物质文化遗产均由若干栋民居、店铺、寺庙、桥梁、水埠、古树要素组成。为区别对待，评价时按照是否已经成为文物保护单位，将这些点元素划分为文物古迹和历史建筑。对文物古迹重在评价其真实价值和稀缺性，对历史建筑重在评价其典型性及特色，同时对传统建筑建造工艺水平做出综合评定（见表5）。

表5　村落传统建筑评价指标体系

类别	序号	指标	指标分解	分值标准及释义	满分	得分
定量评估	1	历史久远度	现存传统建筑、文物古迹最早修建年代	明代及以前5分；清代3分；民国2分；新中国成立至1980年以前1分。	5	
			传统建筑群集中修建年代	清代及以前10分；民国5分；新中国成立至1980年以前3分。	10	

类别	序号	指标	指标分解	分值标准及释义	满分	得分
定量评估	2	文物稀缺度	文物保护单位等级	国家级5分，超过1处每处增加2分；省级3分，超过1处每处增加1.5分；市县级2分，超过1处每处增加1分；列入第三次文物普查的登记范围1分，超过1处每处增加0.5分。满分10分。	10	
	3	比例	传统建筑用地面积占全村建设用地面积比例	60%以上12~15分；40%~60%的8~11分；20%~40%的4~7分；0~20%的0~3分。	15	
	4	丰富度	建筑功能种类	居住、传统商业、防御、驿站、祠堂、庙宇、书院、楼塔及其他种类。每一种得分2分，满分10分。	10	
定性评估	5	完整性	现存传统建筑（群）及其建筑细部乃至周边环境保存情况	现存传统建筑（群）及建筑细部乃至周边环境原貌保存完好，建筑质量良好且分布连片集中，风貌协调统一，仍有原住居民生活使用，保持了传统区的活态性，12~15分；现存传统建筑（群）及细部乃至周边环境基本上原貌保存较好，建筑质量较好且分布连片，仍有原住居民生活使用，不协调建筑少，8~11分；现存传统建筑（群）部分倒塌，但"骨架"存在，部分建筑细部保存完好，有一定时期风貌特色，周边环境有一定破坏，不协调建筑较多，4~7分；传统建筑（群）大部分倒塌，存留部分结构构件及细部装饰，具有一定历史与地域特色风貌，周边环境破坏较为严重，0~3分。	15	
	6	工艺美学价值	现存传统建筑（群）所具有的建筑造型、结构、材料或装饰等美学价值	现存传统建筑（群）所具有的造型（外观、形体等）、结构、材料（配置对比、精细加工、地域材料）、装修装饰（木雕、石雕、砖雕、彩画、铺地、门窗隔断）等具有典型地域性或民族性特色，建造工艺独特，建筑细部及装饰十分精美，工艺美学价值高，11~20分；建筑造型、结构、材料或装饰等具有本地域一般特征，代表本地文化与审美，部分建筑具有一定装饰文化，美学价值较高，6~10分；建筑造型、结构材料或装饰等不具备典型民族或地域代表性，建造与装饰仅体现当地乡土特色，美学价值一般，0~5分。	20	

类别	序号	指标	指标分解	分值标准及释义	满分	得分
定性评估	7	传统营造工艺传承	至今仍大量应用传统技艺营造日常生活建筑	至今日常生活建筑营造大量应用传统材料、传统工具和工艺，采用的传统建筑形式、风格与传统风貌相协调，具有传统禁忌等地方习俗，成为非物质文化遗产，技术工艺水平有典型地域性，11~15分；至今日常生活建筑营造较多应用传统材料、传统工具和工艺，采用的传统建筑形式、风格与传统风貌相协调，具有传统禁忌等地方习俗，技术工艺水平有地域代表性，6~10分；至今日常生活建筑营造较少应用地域性传统材料、传统工具和工艺，采用的传统建筑形式与风格或与传统风貌一定程度上协调，营造特色有地域代表性，0~5分。	15	
合计					100	

3. 舟山群岛村落非物质文化遗产评价体系

非物质文化遗产主要从历史性、文化性、生活性三方面评价（见表6）。历史性表现为无形的历史影响力，村落从形成到演变发展一般都经历较长的时期，在发展过程中一些重大事件或名人居留都会对村落历史轨迹产生影响；文化性指带有社会风情的民俗文化，它们是村落区别现代城市的特色之一，民俗作为民族社会心理的表现形式，能直接反映并影响一个时代的民族精神和社会生活面貌；生活性指村落真实的居民生活，这种"活"的文化不同于遗迹遗址的静态文化，它是一定地域民俗文化、社会生活方式、行为景观以及发展活力等方面的真实反映。

表6　村落非物质文化遗产评价体系

类别	序号	指标	指标分解	分值标准及释义	满分	得分
定量评估	1	稀缺度	非物质文化遗产级别	世界级15分；国家级10分；省级5分。（多项不累加）	15	
	2	丰富度	非物质文化遗产种类	省级，每项1分；国家级，每项2分；满分5分。	5	
	3	连续性	至今连续传承时间	至今连续传承100年以上，10分；连续传承50年以上，5分。	10	
	4	规模	传承活动规模	全村参加5分；30人以上4分；10~30人3分；10人以下2分。	5	
	5	传承人	是否有明确代表性传承人	有，且为省级以上，5分；有，且为市级以上，3分；无，0分。	5	

类别	序号	指标	指标分解	分值标准及释义	满分	得分
定量评估	6	数量	拥有传统节日、传统手工艺和特色传统风俗类型数量	1~3个为3分，4个以上为5分。	5	
	7	延续度	传统生活模式延存程度	村落中常住人口原住民比例60%以下为1分，60%~75%为3分，75%以上为5分。	5	
	8	活态性	传承情况	传承良好，具有传承活力，15分；传承一般，无专门管理，10分；传承濒危无活力，5分。	15	
	9	依存性	非物质文化遗产相关的仪式、传承人、材料、工艺以及其他实践活动等与村落及其周边环境的依存程度	遗产相关生产材料、加工、活动及其空间、组织管理、工艺传承等内容与村落特定物质环境紧密相关，不可分离，16~20分；遗产活动空间具有一定依赖性，活动组织与村民联系密切，具有民间管理组织，11~15分；遗产活动组织与工艺传承与村落较为密切，为本地域共有特色遗产，具有代表性，6~10分；遗产可不依赖村落保持独立传承，0~5分。	20	
	10	流传性	源于本地广为流传的诗词、传说、戏曲、歌赋	在全国范围内流传为5分，在一定区域内流传为3分。	5	
	11	历史影响度	重大历史事件或名人生活居住地	在一定历史时期内对推动全国社会经济、文化发展起过重要作用，10分；在一定历史时期对推动区域社会经济文化发展起过作用，5分；在一定历史时期内对推动本地社会经济、文化发展起过作用，3分。	10	
合计					100	

4. 舟山群岛海洋景观评价体系

本研究中的海洋景观主要指能对旅游者产生吸引力的近海、中海、远海等自然资源和人文资源的综合，包括未开发资源和已开发资源。海洋景观的形成有些是天然赋予的，如海水潮汐变化；有些是历史遗存，如嵊泗岛远东第一大灯塔花鸟塔是远东和中国沿线南北航进入上海港的重要航行标志。除自然海洋景观外，还有很多典型的人文海洋景观资源，如蕴含了千百年的海边风俗、渔民信仰的海洋文化，衔接渔业、旅游、商贸的渔旅游节庆活动等（见表7）。

表7 村落海洋景观评价体系

序号	资源类别	相关指标	评分标准						得分
			0	1	2	3	4	5	
1	地文景观	岛陆面积（平方千米）	<1	1~5	5~20	20~50	50~100	>100	
		岛滩面积（平方千米）	无	极小	很小	较小	大	很大	
		附近海滩长度（米）	<100	100~200	200~500	500~1000	1000~1500	>1500	
		沙浴康乐价值	很低	低	一般	较高	高	很高	
		海蚀地貌景观价值	很低	低	一般	较高	高	很高	
		海滨山岳景观价值	很低	低	一般	较高	高	很高	
		海浴康乐价值	很低	低	一般	较高	高	很高	
		海上运动适宜性	限制很大	限制较大	一般	较适宜	适宜	很适宜	
		海钓活动适宜性	限制很大	限制较大	一般	较适宜	适宜	很适宜	
		海鲜产品美味性	很低	低	一般	较高	高	很高	
2	生物景观	动物观赏性	很低	低	一般	较高	高	很高	
		植物的美感	很低	低	一般	较高	高	很高	
		渔业养殖观赏价值	很低	低	一般	较高	高	很高	
		日光浴康乐价值	很低	低	一般	较高	高	很高	
		海市蜃楼等奇特现象	极少	很少	一般	较少	较多	很多	
3	人文旅游资源	历史遗址游览价值	很低	低	一般	较高	高	很高	
		建筑观赏价值	很低	低	一般	较高	高	很高	
		宗教遗址观赏价值	很低	低	一般	较高	高	很高	
		民间风俗吸引力	很低	低	一般	较高	高	很高	
		海岛节庆吸引力	很低	低	一般	较高	高	很高	

三、舟山历史文化村落价值评价体系应用

运用村落价值评价体系，对舟山村落风貌价值进行分类，本研究将舟

山群岛历史文化村落分为传统建筑村落、自然生态村落、民俗风情村落等三大类。将总分较高、建筑风貌评价分值较高的村落定为传统建筑村落，如定海大鹏村、里钓村，普陀东福山村、翁家岙村，嵊泗黄龙峙岙村，岱山桥头村等。将村落格局与形态评价分值较高、建筑风貌评价分值一般的村落定为自然生态村落，如定海南洞村、大晒网村，普陀樟州村、筲箕湾村、竹山村，嵊泗庙干村、后头湾村、龙泉村等。将非物质文化遗产评价分值较高的村落定为民俗风情村落，如岱山龙王村，定海紫薇村等。海洋景观评价分值作为前三者的特别加分项考虑，以体现海洋景观对舟山历史文化村落综合价值体现的重要性。

由此可见，舟山的传统村落中以传统建筑村落居多，民俗风情村落和自然生态村落相对较少。具体来说，44个村落中属于传统建筑村落的有22个，属于自然生态村落的15个，属于民俗风情村落的7个（见表8）。

表8　舟山历史文化村落的资源类型

传统建筑村落 （22个）	金塘镇柳行村、金塘镇大鹏村、马岙镇马岙村、小沙镇光华社区、长白岛后岸村、岑港镇里钓山村、展茅街道翁家岙村、东极镇庙子湖村、东极镇东福山村、普陀山镇龙湾村、东沙镇东沙社区、东沙镇桥头社区、高亭镇石马岙村、岱西镇双合村、长涂镇长西社区、秀山乡秀北村、菜园镇青沙社区、菜园镇后头湾村、黄龙乡峙岙村、黄龙乡南港村、枸杞乡大王村、花鸟岛花鸟社区
自然生态村落 （15个）	盐仓街道叉河村、干碶镇新建社区、册子岛册北社区、桃花镇大石头村、六横镇杜庄村、六横镇悬山社区、登步岛大岙社区、蚂蚁岛乡蚂蚁岛村、朱家尖街道樟州村、朱家尖街道筲箕湾村、朱家尖街道白沙港社区、衢山镇冷峙村、枸杞乡龙泉村、枸杞乡庙干社区、洋山镇圣港社区
民俗风情村落 （7个）	白泉镇金山村、双桥街道紫薇村、朱家尖街道莲兴社区、六横镇里岙村、东港街道塘头村、岱东镇龙头村、五龙乡田岙村

上述评价体系的研究与构建，为舟山群岛历史文化村落的保护利用、规划建设提供科学的评判。根据评判体系，一是可以评判乡村是否属于传统保护村落，属于什么类型的村落，帮助规划管理部门确定是否需要编制保护规划以及保护等级，便于对村庄分类规划管理；二是可以判断乡村在

某个方面具有的优势条件，规划编制单位可以此作为确定编制村庄发展规划的方向；三是提高管理人员对村庄价值元素的认识和理解，在规划建设中注意保护村庄价值元素。评判体系使保护评价等级以及保护措施的确定有据可依，有源可循，同时更符合舟山群岛历史文化村落的特征与现状，对海岛乡村编制规划及制定保护开发政策有着重要意义。

目　录

第一章　传统建筑村落

　　传统村落是指形成较早，拥有较丰富的传统资源，现存比较完整，具有较高历史、文化、科学、艺术、社会、经济价值的村落。本章传统建筑村落是指传统村落定义范围内侧重于建筑价值相对突出的传统村落。如：村落代表了舟山海岛及特定历史时期的典型特征；现存建筑有一定的久远度，文物保护单位的等级达到标准；传统建筑的选址、规划、占地规模、现存传统建筑（群）和周边环境保存有一定的完整性；建筑的造型、结构、材料及装饰有一定的美学价值，并有对传统技艺的传承，等等。

　　传统村落的建筑无论历史多久，都不同于古建。古建属于过去时，乡土建筑是现在时的。所有建筑内全都有人居住和生活，必须不断地修缮乃至更新。所以村落不会是某个时代风格一致的古建筑群，而是斑驳而丰富地呈现着它动态的嬗变的历史进程。它的历史不是滞固和平面的，而是活态和立体的。

　　舟山乡土建筑凝聚了海岛居民数百年间生产、生活的记忆，经过时间的漫长洗礼，积淀了厚重的价值。但是随着城市扩张、工业发展和城镇化进程加快，城市较为优越的新的生活方式，成为愈来愈多年轻一代农民倾心的选择，村落民居皆受到了很大的冲击。如何在追求更大经济利益和舒适性的同时，保持乡土建筑中自然与人的平衡，是当下刻不容缓的问题。保持地域建筑文化的延续，不仅对舟山群岛现代建筑的规划和建设启发良多，而且对世界各地的"新乡土建筑"都有着极大的文化意义。

第一节 定海区

一、金塘镇柳行村

【概况】

金塘镇柳行村落最早形成于清代。相传，清代徐氏祖先于康熙年间迁入，渐有大陆商人来此开设木行，行址位于大岙平原三江口，沿河岸种植柳树成巷，故称"柳巷"。河岸单边朝南建造商铺，遂成街市，民间习称"柳巷半边街"。

1984年，柳行全村483户，1170人，77个姓氏，徐姓居多。村民集居在柳行街区，从事工、商、运输、建筑业者占64%，从事农林牧等业者占29.8%。[①]

【民居选介】

柳行古村落民居旧时多较简陋。沿河街面房屋稍优，多为二层楼房，木质排门，砖木结构，楼下开店，楼上住宅；

柳行古村落

其余房舍，构筑甚简，块石垒墙，竹木作椽，墙体扛桁，平瓦尖顶，房屋矮小，门墙高不及2米。唯陈家宅院最大，前后三进，每进五间，各有天井相隔，门前大旗杆，门内大墙院，隔河与金井庙相望，传为清嘉庆间武举人陈复旦宅第。今天虽然破旧不堪，但旧宅建筑轮廓犹在。

另，徐氏宗族祠堂——司马第，建筑规格较高，细部精致，虽然不完整，

---

① 包江雁《金塘志》，中华书局，1999年版，第66页。

但仍不失为一处难得的民间老宅。司马第位于柳行路十弄 14 号右侧，坐西北朝东南，占地面积 1715 平方米。中轴线依次分布照壁、台门、穿堂、正堂。正堂三开间，单檐硬山顶。明间抬梁式，挂"树兹堂"黑底金字匾。穿堂三开间，单檐硬山顶。明间抬梁式，

司马第

上挂"司马第"黑底金字匾。台门在穿堂与照壁间，灰塑门楼，正中镶嵌"海岳传芳"砖雕，石条门框，雕饰精美。

此外，还有柳行街 28 号、柳行路九弄 1 号、柳行路六弄 40 号民居，兹列表如次：

序号	名称	地址	沿革（年代）	占地面积（m²）	主体建筑描述	备注
1	柳行街 28 号民居	柳行街 28 号	晚清	5701	坐西北朝东南，多重跨院四合院。前进院落前屋九开间二层楼，单檐硬山顶。底层明间为穿堂，穿斗式梁架，进深六柱六檩。后进院落呈三合院。正堂五开间，单檐硬山顶。穿斗式梁架，进深七柱七檩。明间中堂悬"天佑堂"匾。东、西厢房各三间。盖小青瓦。	
2	柳行路九弄 1 号民居	柳行路九弄 1 号	晚清	1092	坐西北朝东南，由正屋、厢房构成三合院落。正屋五开间，单檐硬山顶。穿斗式梁架，进深七柱八檩。东、西厍头。两厢各三间，穿斗式梁架，进深七柱七檩。盖小青瓦。东厢房南侧廊下洞开台门，灰塑门楼。门前二级垂带踏跺。	
3	柳行路六弄 40 号民居	柳行路六弄 40 号	晚清	578	坐西北朝东南，由正屋、两厢及台门构成三合院。正屋七开间，重檐硬山顶。穿斗式梁架，进深八柱八檩。两厢各一间，穿斗式，进深五柱五檩。盖小青瓦。	

【古街店铺】

柳行古村落保留一条比较完整的街道，东西走向，东至三江口，西至瑞生堂周家桥，街道长约 300 米，宽 3~5 米，青石铺就。

金井桥是老街保存基本完好的石拱桥，建于清代晚期。长石条垒砌桥墩，横跨柳行街河，距水面约 3 米。东南—西北走向，桥长 10.9 米，宽 2.1 米，厚 0.2 米。两侧望柱各 5 根，栏板高 0.45 米，两侧均刻"金井桥"3 字。

街区内开设有店面房 90 余间。民国时期，有永和祥、洽懋、建业等南货、肉类食品店；世昌、园梅棉布百货店；

柳行街 57 号商铺

唐坊、元生、常生杂货店；经营中西药品并坐堂行医的有瑞生堂、五福堂、慈德堂药店；还有傅元兴染坊和经营丧葬用品为主的棺材铺、锡箔店、纸塑店，以及邮政代办、宝和钱庄、当铺、水作、饮食等 20 余家。①

现保存完好的有柳行街 10 号、17 号、21 号、39 号、57 号商铺，兹列表如次：

序号	名称	地址	沿革（年代）	占地面积（m²）	主体建筑描述	备注
1	柳行街 10 号商铺	柳行街 10 号	民国	174	坐西北朝东南，四开间二层楼，下铺上居，单檐硬山顶。穿斗式梁架，进深六柱六檩。盖小青瓦。	
2	柳行街 17 号商铺	柳行街 17—20 号	民国	381	坐西北朝东南，六开间二层楼，下铺上居，重檐硬山顶。穿斗式梁架，进深六柱六檩。盖小青瓦。	
3	柳行街 21 号商铺	柳行街 21—23 号	民国	174	坐西北朝东南，由正楼和耳房组成。正楼四开间二层，下铺上居，单檐硬山顶。穿斗式梁架，进深六柱六檩。耳房穿斗式，进深三柱三檩。盖小青瓦。	

① 包江雁《金塘志》，中华书局，1999 年版，第 86 页。

序号	名称	地址	沿革（年代）	占地面积（m²）	主体建筑描述	备注
4	柳行街39号商铺	柳行街39—41号	民国	98	坐西北朝东南，三开间二层楼，下铺上居，单檐硬山顶。穿斗式梁架，进深七柱七檩。盖小青瓦。	舟市级文物保护单位山市级文物保护单位
5	柳行街57号商铺	柳行街57—58号	民国	534	坐西北朝东南，由正楼、两厢、前屋组成四合院落。正楼三开间二层，重檐硬山顶。穿斗式梁架，进深五柱五檩。东厢房三间，西厢房两间。前屋六间，为临街商铺。盖小青瓦。	

二、金塘镇大鹏村

【概况】

金塘大鹏村素有"海上周庄"美誉，四面环海，总面积 4.09 平方公里。历史上曾称平山、鹏山，形似大鹏展翅，故称"大鹏"。原有村民 767 户，1706 人，80 个姓氏，以刘姓居多。赵氏祖先于清康熙年间最早迁居大鹏岛，已有 300 年历史。[①] 村民主要从事农业，兼及航海运输。大鹏岛村落历史文化底蕴深厚，岛上留存有百年以上的古民居建筑群。这些尚存的三合院、四合院、骑楼等各种古建筑精雕细琢，是海岛地区罕见的具有独特风貌的古村落建筑。此外，还有太平灯塔、息影亭、老渡口等 31 处不可移动文物。

【民居选介】

大鹏村落是一个完整的生命体，有自己的外形和内核、精神和灵魂。不光村落古建筑群完整，而且其内存的文化肌理呈现了村落的灵魂。2012

大鹏岛村落

---

① 金塘志编纂委员会《金塘志》，中华书局，1999 年版，第 81 页。

第一章 传统建筑村落

港口杨宅

年6月，大鹏岛被浙江省人民政府列为第四批省级历史文化名村。2018年被列入"中国传统村落名录"。这是继岱山东沙成为首批传统村落之后，舟山第二个国家级传统村落。

兹将代表性民居列表如次：

序号	名称	地址	沿革（年代）	占地面积（m²）	主体建筑描述	备注
1	杨宅	大观社区大鹏24自然村港口中部	清光绪	449	坐西北朝东南，中轴线上分布台门、正屋、东、西两厢。台门雕刻"关西旧风"四字。正屋五开间，上下两层，重檐硬山顶。进深八檩八柱，穿斗式梁架。东、西厢房各二间，五檩五柱。盖小青瓦。	
2	黄氏民居	大观社区大鹏24自然村港口	晚清	269	坐西北朝东南，正屋三开间，单檐硬山顶。明、次间穿斗式梁架，进深七柱七檩。左右两厢头，门对开，分布于正屋廊下两端，与正屋平面呈"凹"字形。盖小青瓦。	
3	洪家老宅	大观社区大鹏24自然村港口	晚清	827	坐西北朝东南，三合院落。正屋五开间，单檐硬山顶。明间穿斗式梁架，进深八柱八檩。东、西厢四开间。盖小青瓦。	
4	胡家大院	大观社区大鹏24自然村港口	清末	576	坐西北朝东南，中轴线上分布台门、正屋、东、西两厢。正屋七开间，穿斗式梁架，进深七柱七檩，单檐硬山顶。斗拱、门楣、窗楣、窗臼雕刻精美。东、西厢房各两间，穿斗式，进深五柱五檩。盖小青瓦。	
5	胡家前院	大观社区大鹏24自然村港口	清末	787	坐西北朝东南，现存主楼、东厢房等。主楼七开间，单檐硬山顶。明间穿斗式梁架，进深七柱七檩。东厢房两开间，穿斗式梁架，进深五柱五檩。盖小青瓦。	

序号	名称	地址	沿革（年代）	占地面积（㎡）	主体建筑描述	备注
6	胡家后院	大观社区大鹏24自然村港口	清末	827	坐西北朝东南，由正屋、厢房、后院、耳房等构成院落。正屋四开间，单檐硬山顶。进深七柱七檩穿斗式。左右两库头。厢房两开间，单檐硬山顶，进深五柱五檩，穿斗式梁架，屋顶与正屋库头相接。后院五开间，进深八柱八檩，穿斗式梁架。盖小青瓦。	
7	徐家联屋	大观社区大鹏24自然村港口	民国	621	坐西北朝东南，由正屋和厢房组成。正屋五开间，单檐硬山顶，进深七柱七檩。东库头。东厢房三开间，单檐硬山顶，屋顶与正屋库头相接。盖小青瓦。	
8	许氏民居	大观社区大鹏25自然村	清中晚期	463	坐东北朝西南，由正屋和东、西厢房构成三合院落。正屋三开间，单檐硬山顶，穿斗式梁架，进深八柱八檩。左右两库头。两厢各二开间，进深六柱六檩，穿斗式梁架，屋顶与库头相接。盖小青瓦。	
9	刘家大院	大观社区大鹏25自然村港口西部	清中晚期	1356	坐东北朝西南，四进院落。门厅三开间，穿斗式梁架，进深三柱三檩。第一进二层楼房，七开间，穿斗式梁架，进深七柱七檩，单檐硬山顶。明间穿堂，连接前后院落。第二进七开间，穿斗式梁架，进深五柱五檩，单檐硬山顶。第三进五开间，穿斗式梁架，进深四柱四檩，单檐硬山顶。盖小青瓦。	
10	王家前院	大观社区大鹏25自然村港口中部	清光绪	406	坐东北朝西南，由正屋、两厢和台门组成。正屋五开间，单檐硬山顶，穿斗式梁架，进深五檩五柱。东、西厢房各二开间，穿斗式梁架，进深四檩四柱，厢房与正屋之间分别有一穿堂，可通行。盖小青瓦。	
11	王家中院	大观社区大鹏25自然村港口中部	清末	949	坐东北朝西南，由正屋、厢房和两座台门组成。正屋七开间，单檐硬山顶，进深七檩七柱。左右库头。东、西厢房各二开间，进深五檩五柱，与库头相衔接形成穿廊，可通行。盖小青瓦。	
12	罗宅	大观社区大鹏25自然村涂田南部	晚清	358	坐东北朝西南，现存正屋，五开间，单檐硬山顶，明间穿斗式梁架，进深七柱七檩。次间门、窗上木雕精致。东库头。盖小青瓦。	

序号	名称	地址	沿革（年代）	占地面积（㎡）	主体建筑描述	备注
13	方家老屋	大观社区大鹏25自然村涂田中部	清光绪	338	坐东北朝西南，现存正屋，五开间，单檐硬山顶。明间穿斗式梁架，进深七檩七柱。次、梢间石板墙裙，上部开木窗。西北侧厍头。盖小青瓦。	
14	陈宅	大观社区大鹏25自然村涂田17号	清光绪	273	坐东北朝西南，现存正屋，五开间，单檐硬山顶。进深七檩七柱，穿斗式梁架。盖小青瓦。	
15	王家住宅	大观社区大鹏25自然村港口西部	民国	716	坐东北朝西南，中轴线上分布台门、主楼。主楼两层砖木结构，单檐硬山顶。面阔七间，明间进深八柱八檩带前廊。一楼廊柱圆鼓形石柱础；二楼平面向内收缩，由地板向外挑出阳台，饰以西洋宝瓶形栏杆。东厢房单檐悬山顶，面阔两间，进深四柱五檩。盖小青瓦。	
16	刘氏民居	大观社区大鹏26自然村刘家岙外刘家	清中晚期	441	坐东北朝西南，由正屋与西厢房组成。正屋六开间，单檐硬山顶。穿斗式梁架，进深六柱六檩。西厢房两开间，进深五柱五檩，穿斗式梁架。盖小青瓦。	
17	陈氏民居	大观社区大鹏26自然村刘家岙里刘家	民国	1900	坐西北朝东南，由正屋及东厢房组成。正屋四开间，单檐硬山顶。明间进深八柱八檩，穿斗式梁架，内部分为两层，有直梯通向二楼。东厍头，也有直梯通向二楼。东厢房两开间，进深六柱六檩，穿斗式，屋顶与正屋相接。盖小青瓦。	
18	沈家住宅	大观社区大鹏27自然村杨家岙中部	晚清	907	坐东北朝西南，由正屋、东西厢房、台门等组成。正屋七开间，单檐硬山顶。明间"仁德堂"，穿斗式梁架，进深七柱七檩，檐下月梁，门、窗等小木作构件精雕细刻。东、西厢房各二开间，穿斗式梁架，进深四柱四檩。	
19	杨宅	大观社区大鹏27自然村杨家岙	晚清	501	坐东北朝西南，由正屋与东厢房组成。正屋六开间，单檐硬山顶。穿斗式梁架，进深八柱八檩。左厍头。东厢房二开间，穿斗式梁架，进深五柱五檩。盖小青瓦。	屋主杨圣波，太平山灯塔创建者之一。

序号	名称	地址	沿革（年代）	占地面积（m²）	主体建筑描述	备注
20	贺宅	大观社区大鹏27自然村新杨南部	晚清	403	坐北朝南，三合院，由台门、正屋和东、西厢房等组成。台门挑尖式，上部雕饰宝瓶。正屋五间，单檐硬山顶。穿斗式梁架，进深六柱七檩。东、西厢房各二间，进深四柱四檩，屋脊饰连球。盖小青瓦。	
21	张宅	大观社区大鹏28自然村程家岙张家弄	晚清	407	坐东北朝西南，由正屋及厢房组成。正屋四开间，单檐硬山顶。抬梁式，进深六柱七檩。东库头。东厢房二开间，单檐硬山顶，进深五柱五檩。盖小青瓦。	
22	陈院	大观社区28自然村陈家岙	清末	409	坐东北朝西南，由台门、正屋和东厢房组成。台门向南开，进深两柱两檩，向内单面坡，石条门框。正屋三开间，单檐硬山顶。穿斗式梁架，进深七柱八檩，木板隔断。檐下柱头科承托直梁。左右两库头。东厢三开间，单檐硬山顶，进深五柱六檩。盖小青瓦。	
23	徐家老宅	大观社区大鹏28自然村埠头中岙	清末	375	坐西北朝东南，三合院落。正屋五开间，单檐硬山顶。穿斗式梁架，进深八柱八檩。后院两厢房各二开间，穿斗式梁架，进深四柱四檩。盖小青瓦。	
24	沈家前院	大观社区大鹏28自然村埠头中岙	清光绪	764	坐东北朝西南，由正屋及左、右厢房构成三合院。正屋五开间，单檐硬山顶。穿斗式梁架，进深八柱八檩。左右两库头。两厢各二间。盖小青瓦。	
25	沈家后院	大观社区大鹏28自然村埠头	民国	647	坐东北朝西南，由台门和正屋组成。台门双面坡顶，正脊上形成二叠马头墙式，进深两柱两檩，石条门框。门楼精致砖雕"和气致祥"。正屋五开间，单檐硬山顶。穿斗式梁架，进深八柱八檩。盖小青瓦。	
26	金家老宅	大观社区大鹏28自然村埠头	民国	450	坐东北朝西南，由正屋及东、西厢房组成三合院。正屋五开间，单檐硬山顶。穿斗式梁架，进深八柱八檩。东、西厢房各一间，单檐硬山顶，进深五柱五檩。盖小青瓦。	
27	张家老屋	大观社区大鹏28自然村埠头	民国	260	坐北朝南，现存五开间正屋，单檐硬山顶。明间进深七柱七檩，穿斗式梁架。盖小青瓦。	

第一章 传统建筑村落

【人文古迹】

1. 太平山灯塔

太平山灯塔始建于 1907 年，是至今还在使用的为数不多的著名灯塔。当年，杨希栋目睹大鹏岛附近洋面上翻船之事故，在岛的海岬造起灯塔。多年后，其儿子杨圣波修固并加高了此塔，死后，嘱其妻儿将父子俩合葬在灯塔附近的山岗上，以不息的灵魂眺望永恒的大海。

灯塔沿太平山顺势而建，东西走向，共两座。主灯塔于 1933 年由杨希栋之子杨圣波捐建，副灯塔系新建。主灯塔通高 8.9 米，混凝土圆柱形塔身，直径约 2.5 米。塔身外表白色，塔内中空，中立铁柱，绕柱建有铸铁旋梯迂回到达塔顶，通体黑漆。基座覆盆形，外刷黑色油漆。主塔顶灯笼平面为八角形，笼壁上部为八面玻璃窗，视野开阔，下部为八角形水泥墙，朝西墙面上开一方形小门，灯笼外为圆环形带白色铁栏杆的回廊。笼顶为八角形略带穿顶的水泥盖，盖顶立有避雷针。灯器设备原位于旋梯顶端的灯座上，现已经移至旁边新建的副灯塔顶端。

副灯塔在主灯塔南，全钢结构，通高约 10 米。塔身由 5 根长 1 米左右的圆柱形钢管对接而成，两柱间由螺栓紧固，直径约 0.5 米，塔身表面焊有铁架扶梯。基座圆柱形，水泥浇筑，边绕半环形阶梯。塔顶为一圆形镂空平台，正中设置发射灯器，灯高 87 米，发白光，周期 9 秒 3 闪，射程 10 海里，由太阳能电池板供电。

灯塔周边建有控制间与守塔人员居住的平房、水池等设施。副灯塔边的房顶上建有一座六角形基座的雾灯，高约 1 米，以供恶劣气象条件时使用。

太平山灯塔

2. 大鹏渡老码头

大鹏渡老码头位于港口自然村渡口北侧 50 米，据当地老人回忆为清代所建，已有百余年历史。坐西朝东略偏南，占地面积 171 平方米。码头平面呈长方形，从堤坡顺带深入海中，有一定下倾坡度，平面有弯曲，码

大鹏渡老码头

头约三分之二处立一石柱，作为缆柱。码头由块石垒砌，长约 60 米，顺海处以条石横排并列铺砌，高 0.4 ~ 0.8 米，南北侧都为泥涂，对岸为金塘沥港，入海被水淹没处有约 3 米宽残石。大鹏渡老码头是旧时大鹏岛与金塘来往的必经渡口，20 世纪 70 年代后逐渐废弃。

3. 胡家祠堂

胡家祠堂位于大鹏 24 自然村，归大鹏胡家公用，建制古朴，风格简约，据当地老人回忆已有百余年历史。坐西北朝东南，占地面积 585 平方米。由正堂及东、西厢房组成三合院落。正堂面阔五间带两库头，单檐硬山顶，正脊上隆起，中宫灰塑五人物像，东西部分连球镂空装饰；明间为祖堂，进深七柱七檩，穿斗式，后金檩下建单室悬空神龛，前立面开六木门，檐下伸出直梁承以十字柱头科；次间木板前立面中开双层木窗。

青青世界

三、马岙镇马岙村

马岙村位于马岙镇南部，由原马岙村单村建立马岙社区，实行一社区、一村、一经济合作社的运行模式。区域面积 4.5 平方公里，有耕地 1500 亩，

山林 4000 余亩。现有人口 2100 余人。以"青青世界""海岛第一村"为代表的自然人文景观使马岙成为闻名退迩的海岛旅游新区，被评为"浙江省农家乐特色村""浙江省特色旅游村"。区域内人文古迹众多，历史底蕴深厚。马岙博物馆是浙江省第一家乡镇级博物馆。

【民居选介】

1. 唐氏民居

唐氏民居位于唐家村唐家街 1 号、121 号，据传有 200 余年历史，为清中晚期建筑。坐西北朝东南，由正屋、两侧厢房及台门构成独立院落，建筑面积约 400 平方米。

唐氏民居

正屋面阔三间带双库头，两侧厢房各二间，单檐硬山顶，盖小青瓦。正脊用缠枝飞檐，灰塑松柏等，素面中宫。正屋两端外侧用三叠马头墙，下开小门。穿斗式梁架，进深六柱七檩。檐下挑出月梁，承以十字斗栱、牛腿，周身雕饰缠枝忍冬等，工艺精湛，纹饰繁复。正屋明间为堂前，用八扇屏，屏身木雕如意、松柏、花草等，做工精巧。前开六扇格扇门，用菱形格，周边雕刻花草，中间两扇外侧加装矮栅门。正屋次间用石板墙裙，下用青石地梁，有透雕通风口，图案似中国结。上部两重窗，斗状龙耳窗臼，雕工精良。台门位置偏东，青砖砌筑，石条门框；上部灰塑缠枝、忍冬等，用砖雕斗栱；门框内侧雕刻倒垂如意，用雷纹门窦，瓜棱门臼，开两扇门。天井、回廊皆铺石板，保存完好。

2. 上袁袁宅

上袁袁宅位于三胜村上袁 181 号，有百余年历史，厢房和马头墙等大部分建筑为 30 年前所建，据称当年房主从宁波请人设计建成。

宅院坐西朝东略偏南，现存正屋和南北厢房，由围墙构成完整的独立院落，建筑面积约 465 平方米。正屋面阔六间，带南库头，硬山顶，盖小青瓦。穿斗式梁架，进深七柱七檩带前廊。明间前立面开六扇格扇门，檐下挑出龙首月梁，梁上承正方形断面的檐檩，梁下由柱头科承托；次间前立面以白石灰抹面砖墙，其中东梢间前立面开四扇格子门。东、西厢房形制相似，歇山顶结构，仿照古代戏台建造。台门开于东厢房远端，围墙左右延伸分别与东、西厢房外侧相接，交接处建成叠落式马头墙，白灰抹面，两侧墀头向外挑出雀尾，前檐用莲花纹瓦当，前带滴水。

袁宅

3. 高氏民居

高氏民居位于景陶村高家123号，据传有百余年历史。民居坐西北朝东南，由正屋、厢房、仓房和台门等组成院落，建筑面积约为650平方米。正屋五间，通面阔35.3米，通进深9.8米，穿斗式，用七檩，单檐硬山顶，盖小青瓦。东、西厢房各为三间，通面宽11.8米，通进深7.4米，穿斗式，用五檩，单檐硬顶。台门一间，通面阔3.5米，通进深4.1米，穿斗式，用三檩。穿廊东西各一条，宽1.13米，长7米。

4. 徐家老屋

徐家老屋位于北海村徐家103、104号，据传有200余年历史。坐西北朝东南，现由正房、厢房和台门等组成，建筑面积约570平方米。正房面阔三间带两端库头，单檐硬山顶，盖小青瓦。穿斗式梁架，进深八柱八檩。明间为堂前，后金檩下悬空置神龛，墙壁上用白灰书写"大跃进"时标语，檐下用挑尖月梁、柱头科，鼓形柱础，廊下与东、西厢房相通，合成回廊，铺石板；左右次间木板前立面，开内外两重隔扇窗，外为榫卯结构，内为推拉结构，皆对开两扇。东、西厢房皆单檐硬山顶，面阔三间，明间穿斗式梁架，进深六柱六檩，木板隔间，夯土地面。

5. 徐宅

徐宅位于北海村下新屋117号，据传已有百余年历史。坐北朝南略偏东，由正屋、厢房和台门等构成三合院落，建筑面积约629平方米。主体建筑皆单檐硬山顶，盖小青瓦，勾连纹压脊砖，花草纹瓦当。正屋面阔三间带双厍头，穿斗式梁架，进深八柱八檩。檐下用月梁、柱头科，梁身雕刻菊花，斗拱雕刻花草、暗八仙等。明间后金檩下设神龛，龛两侧用小四扇屏风。次间用青石地梁，前立面主体皆木构，上半部开菱形格花窗。厍头间用格扇门、矮栅门。东、西厢房原本各有三间，现存各二间，结构与正屋次间相同。天井用小型卵石铺砌，原料取自长白乡。正屋前方为石砌围墙，墙内用单步梁的青瓦顶形成回廊。墙正中开一台门，红砂岩门框、门楣，内侧两角雕刻花草。外侧上方居中灰塑"南极生辉"四字。

【人文古迹】

1. 止善亭

止善亭位于马岙长春岭上，与盐仓街道交界处，始建年代无考，现存建筑为清代民间集资重建，后屡有修缮。建筑坐东北朝西南，面积约72平方米，面阔三间，五架抬梁式，单檐硬山顶，盖小青瓦。三架梁上用两月梁承托脊垂柱，脊垂柱底饰吊篮。南北及西侧墙上各开圆拱形门洞，山下两侧有石子路南北向通向此亭，亭内西侧靠墙处立有碑记，简略叙述此亭来历及修亭历史。

该亭为马岙古驿道沿路民间驿亭之一，现驿道废弃，驿亭也多已不存，只有该亭与三江古客栈保留尚好，对研究舟山古代道路系统与岛间交通具有重要价值。现为区级文物保护单位。

2. 林氏宗祠

林氏宗祠位于茂盛村茂盛86号民居东侧，林氏为马岙第一大姓，当地俗称"林半岙"。据民国《定海县志》载，南宋宝庆年间林氏由福建迁入马岙定居，至今已传38代，遍及马岙全镇，随后又迁往舟山各地。遗憾的是林家宗谱在"文革"期间被毁，幸而宗祠留存至今，相传建于明末清初，已有300余年历史，堂名"双桂堂"。

林氏宗祠

宗祠坐南朝北，由穿堂、戏台、正堂等贯穿中轴线，中为天井，东西围墙建有台门，建筑面积约350平方米。正堂三间，通面宽12米，通进深11.4米。后半间设灵位堂。单檐硬山顶，用7桁，穿斗式梁架，檐阶宽2.96米。穿堂三间，中间为门厅。

林氏宗祠建筑面积较大，做工考究，雕饰精巧。林姓是马岙最大宗族，因此周边俗称该宗祠为林家大祖堂，是林姓族人举行祭祀、丧事的重要场所，对地方文化和移民史研究都有重要价值。现为区级文物保护单位。

3. 马岙博物馆

马岙博物馆位于白马街，是全省唯一一家展示海岛渔村6000年文明历史的博物馆。马岙博物馆分为馆内展区和户外遗址遗迹展区。马岙博物馆馆内展区主要介绍马岙土墩遗址群。整个博物馆占地

马岙博物馆展厅一角

3335平方米，建筑面积1260平方米，馆室占地面积630平方米。马岙博物馆户外遗址遗迹展区主要介绍马岙土墩遗址群。遗址总面积14万平方米。其中新石器时代5处，东周时代15处。从二次试掘其文化内涵来看，它与河姆渡文化、良渚文化同成为中华民族的文化发祥地之一，它还为东瀛文化的探源提供了实物佐证。

四、小沙镇光华社区

【概况】

光华社区位于小沙镇南部，于2005年由红光、新华两村联建。区域面积7平方公里。境内文物古迹众多，人文景观丰富，有被列为舟山市文物保护单位的复翁堂，定海区文物保护单位的三毛祖居、甩龙桥、天后宫，有佛教圣地清静讲寺、千年古庵净土庵，有处在幽谷清漳的古老石桥——寺岭古桥，以及建筑规模庞大的傅氏老宅，形成了小沙独特的文化氛围。

【民居选介】

1. 西头王56号民居

西头王56号民居位于红光自然村西头王56号，近200年历史。坐西北朝东南，占地面积281平方米，由两座厢房与前屋构成院落。厢房均面阔三间，进深七柱；前屋面阔一间，进深五柱。梁架结构均为穿斗式，室内地面平铺石板，天井地面水泥硬化；硬山顶，盖小青瓦。前有一口井，与房屋年代相当，井口圆形，井圈石块砌筑。

西头王民居

2. 傅氏老宅

傅氏老宅位于新华村地爿里31、32、143—162号，清乾隆年间建。坐北朝南，由前屋、穿堂、正堂、后楼及厢房等构成完整院落，占地面积约2320平方米，建筑面积约2000平方米。前屋四间，通面阔14.3米，通进深6米；穿堂七间，通面阔21.5米，通进深8.7米；正堂九间，单檐硬山顶，盖小青瓦，通面阔28.8米，通进深9米，穿斗式梁架，用七桁。后楼八间，上下两层，重檐硬山顶。通面阔35.25米，通进深10米，穿斗式梁架，用七桁。

傅氏老宅

傅氏老宅布局严谨，规模较大，用材适中，工艺精致，地方风格较明显，是小沙镇远近闻名的一处大宅院。

3. 复翁堂

复翁堂位于红光村95号，始建年代无考，洪武十九年（1386）挂匾，现存建筑为清代晚期重建。坐西北朝东南，占地面积约120平方米，建筑面积约73平方米，是一座单间木结构纪念建筑。正堂通面阔5.75米，通进深12.66米。单檐硬山顶，盖小青瓦，用九檩；廊下地面用水泥抹平，前立面设六抹头花格门。堂前正对一座照壁。

据清光绪《定海厅志》记载，明朝开国之初军队攻占舟山时损失较大，且经常受到倭寇骚扰，信国公汤和受命管理东南沿海。汤和以舟山（时称翁洲）"穷洋多险，易为贼巢"，于洪武十九年起迁海岛46山居民进入内地。王国祚目睹了乡民们迁徙之苦和无处控告之痛，不顾自身安危赴金陵面圣，从军事、民生等多方面力陈翁洲不可迁徙之情状。明太祖准奏，翁洲得以恢复。乡人为感其德，称颂其为"复翁先生"，于其居所悬挂"复翁堂"匾额。

王国祚甘冒风险为民请愿，不仅胆识过人，其所陈军国大事亦有理有据。他认为舟山踞江浙门户，战略地位极其重要，守则外盗不敢侵扰四明，弃则台、温、松、苏皆不安宁，至今仍有许多启示意义。现为舟山市文物保护单位。

【人文古迹】

1. 寺岭桥

寺岭桥位于寺岭自然村西侧约100米野外，建于清代。南北走向，架于东西向溪流之上，占地面积64平方米，单孔石拱桥。桥身用石块砌筑，长20米，宽3.2米，矢高约7米。桥面厚1.2米，铺垫土石。

寺岭桥

寺岭桥地处马岙古驿道支线，是古代定海联系马岙、小沙等地的重要交通设施。

2. 甩龙桥

甩龙桥位于新华村大溪坑上游，清道光二十四年（1844）始建，同治年间重修。东北—西南走向，横跨溪流两岸。单孔石拱桥，桥身长7.7米，桥面宽2.36米，净跨3.7米，拱券用0.28米厚的条石纵联砌筑而成，基础块石砌筑。桥上左右设栏板，每边各砌三块，栏板高0.43米，栏板间设通高 0.7 米的望柱，望柱头呈方形，高约 0.22 米，每面饰两层莲花；桥两端栏板尽端抱鼓装饰。桥的北面中间栏板外侧刻有"桥栏傅奕秀造"六字。

甩龙桥具有独特的历史、科学、艺术价值。现为区级文物保护单位。

3. 花厅傅氏祠堂

花厅傅氏祠堂位于花厅自然村花厅里 103 号，据傅氏族人回忆距今已有约 300 年。坐西北朝东南，占地面积 416 平方米。由围墙连接正堂、厢房与台门构成院落。正堂面阔三间，单檐硬山顶，盖小青瓦，穿斗式梁架，进深七柱七檩，正堂内悬挂"美德堂"匾。正堂两侧有厢房，连接台门。

花厅傅氏祠堂

4. 红光鲍氏祠堂

红光鲍氏祠堂位于红光自然村鲍家 58 号，据鲍家后人回忆距今约 200 年。坐西朝东，占地面积 129 平方米，面阔三间，进深七柱七檩，穿斗抬梁结合，地面平铺石板。明间为堂前，后金檩下悬挂"霜筠操洁"匾一块，檐前用月梁。硬山顶，盖小青瓦。

五、长白岛后岸村

【概况】

后岸村位于长白岛①北部，2005 年 7 月，单村建社区。区域面积 4.25 平方公里，经济以农业为主，现有耕地 827 亩，山林面积 3004 亩。居民 558 户，常住人口 1267 人。辖区内有独特的自然风景，余家的原生景、外湾沙滩、

---

① 长白取名于民间传说。明太祖洪武年间，大元帅信国公汤和去岱山岛平乱，驾船途经长白港，远望有一座岛，形状狭长，山上无草，秃露白石，曰："此岛又长又白。"故传之为长白岛。

乱石棚等是开发旅游项目的最佳选择。后岸人文古迹众多，古建筑保存较好。

【民居选介】

1. 郑家民居

郑家民居位于白马自然村郑家21—24号、26—30号，据郑氏族人回忆建于清代。坐东朝西，占地面积为1125平方米，建筑面积490平方米。正屋面阔三间12.65米，通进深10.03米，明、次间均为穿斗式结构，用八檩，单檐硬山顶，盖小青瓦，屋内夯土地坪，前檐下用石板、鹅卵石铺砌。房屋西北部有一口古井，长60厘米，宽30厘米，深约2.3米。

2. 傅家民居

傅家民居位于白马自然村傅家129—133号，据傅氏老人回忆已有百余年历史。坐东南朝西北，占地面积850平方米，建筑面积476平方米。三合院式建筑，现存正屋，东、西厢房等。正屋七间，通面阔26.24米，通进深6.9米。明、次间穿斗结构，用七檩，单檐硬山顶，盖小青瓦。东、西厢房各三间，通面阔14.53米，通进深6.99米。

3. 王氏民居

王氏民居位于大湾村68—83号，始建于清代晚期。坐西北朝东南，占地面积1420平方米，建筑面积1273平方米。四合院落，单檐硬山顶，盖小青瓦。前厅面阔三间，用七檩，明间抬梁式，用作王氏家族举行婚丧嫁娶及各种祭祀活动的场所。正堂面阔七间，用七檩，明间穿斗式。东、西厢房面阔七间，前端连接台门，台门前立照壁一座。

王氏民居建筑体量较大，格局规整，外有照壁，内有前厅，斗拱、花窗雕刻精美，做工考究。

4. 王崇清故居

王崇清故居位于大湾村32—50号，始建于清代晚期。坐西北朝东南，占地面积1600平方米，建筑面积1447平方米。

王崇清故居

历史上经多次维修，保存较好。四合院落，东西各带一个小跨院。位于中间的四合院，明间通面阔三间，七檩穿斗式，为王氏祠堂，凡有重大祭祀及节庆活动均在此进行。东跨院原为长白籍著名华侨王崇清故居，"文革"时曾一度被封，2005年其后人自美国回乡省亲时出资修缮，辟为王崇清纪念堂。

屋主王家是最早迁至长白乡大湾村的居民，该院对研究当地居民迁徙、族群繁衍有重要意义。

滕氏民居

5. 滕氏民居

滕氏民居位于小龙山自然村爱乡南路144号，据滕氏后人回忆，始建于清代晚期，1978年定居新加坡的滕氏子孙滕宝友回乡省亲时曾出资修缮。房屋三合院落式建筑，坐东南朝西北，占地面积690平方米，建筑面积588平方米。正屋面阔三间，单檐硬山顶，盖小青瓦，穿斗式梁架，进深五柱五檩。斗拱、花窗雕刻精美，做工考究。东、西厢房皆面阔四间。

【人文古迹】

1. 白马庙

白马庙位于大满村沙头35号，据县志记载，建于清嘉庆年间，其间数度维修。

该庙坐东朝西，现存前殿、后殿、戏台、南北厢房等，占地面积约727平方米，建筑面积约328

白马庙戏台

平方米。前殿五间，通面阔 17 米，通进深 8.2 米。单檐硬山顶。明间三架梁，前廊后单步，次、梢间穿斗式。戏台呈长方形，紧接前大殿明间，四柱落地。方形卷棚藻井，保存完好。后殿面阔五间，明间抬梁式，五架梁前后各单步，次、梢间各七柱穿斗式，单檐歇山顶，前屋面正中与戏台间抬架设穿廊。戏台南北侧各为厢房，面阔三间，单檐硬山顶，前立面及柱间无隔断。

白马庙历来是周边村庄及长白岛渔民出海祈求平安丰收的场所，集中展示了当地民情风俗和宗教信仰。现为区级文物保护单位。

2. 小满碾坊

小满碾坊位于小满自然村西北面，据当地村民所传，建于清代晚期。坐北朝南，占地面积 50 平方米。碾坊由房屋和石碾子组成。房屋四面石块砌筑，单檐硬山顶，盖小青瓦，抬梁式梁架。石碾子分为

石碾子

碾磙、碾盘、碾架三部分。碾磙用坚石打磨而成，直径 70 厘米，高 46 厘米，靠碾架固定在碾盘上；碾架有两根粗壮的弯木从碾磙的两边牵出，然后固定在碾盘中间的一根轴上，控制碾磙始终绕着碾盘运转。碾盘直径 3.2 米，由碾槽、碾栏、碾八卦组成。碾八卦由五块石头拼装而成，因酷似八卦而得名。碾米时，先把稻谷撒在碾八卦上，用扫把缓缓扫进碾槽，然后架上牛，牛走磙动，石碾在碾槽里不断对稻谷进行碾磨，直至壳破米出。

六、岑港镇里钓山村

【概况】

里钓山位于舟山本岛与册子岛中间，东与岑港镇隔海相望，岸距 150 米。古时一年四季有人在此岛及附近岛屿钓鱼，临时搭棚居住，遂称钓山。又因近距岑港镇，故名"里钓山"。岛呈南北走向，长 1.98 公里，宽 0.77 公里，陆域面积 1.65 平方公里，俯视下岛形似葫芦，以"葫芦"颈部为最高。

曾设有炮台，称炮台山，海拔 114.8 米。岛上有钓山、里钓山 2 个行政村。2000 年年末，有居民 330 户，936 人。里钓宕是舟山最古老的石宕之一，里钓村是舟山少见的石头村。

【民居选介】

里钓山的石头是典型的火山喷出岩，以灰、肉红等色的酸性岩石为主，正因为有此资源，才有了"梯山航海，视若户庭"的海居人家。民国版《定海县志》载："海山产石极多，率质粗不中斧凿，岑港西南三钓山有石宕，每年所出颇资于用，运至他处销售者均系砌路用之板，俗呼钓山板。"

里钓采石场

里钓山开采石板、块石和各类建筑石料历史悠久。采石业的兴起，带动了海运业的发展。所以，里钓山的产业几百年来涛声依旧，

里钓山村

靠的就是"两头"：一是"石头"，二是"缆头"。打了"石头"解"缆头"，解开"缆头"闹天下。里钓村清末民初西洋风格的民居建筑便能说明那是航海的结晶。

里钓山村依宕而建，凸显出一种浓浓的石文化的气息。石阶、石路、石墙、石窗、石门、石柱子、石屋、石板明堂、石井、石磨、石捣臼、石雕、石弄堂、石屋等建在宕脚上的一幅幅石头演绎而来的景致随处可见。里钓山村现存的建筑大多建于清中晚期，另有少量民国时期传统建筑和新中国成立初期的礼堂、学堂等特色建筑；多三合院、四合院，少数因地域局限仅建一排正屋；平房与楼房并存；墙体就地取材，用石块垒砌；梁架多为穿斗式木结构；房屋前立面上部采用木结构，下部用本村生产的红石板为石墙裙；门窗细部采用雕饰，题材多样。主要建筑均围绕采石场而建，宕与村相映成趣、相得益彰，宕因村而生，村因宕而存，两者紧紧交融在一起。

兹将代表性民居列表如次：

序号	名称	地址	沿革（年代）	占地面积（㎡）	主体建筑描述	备注
1	里钓山11号民居	里钓自然村里钓山11号	民国	143	坐东南朝西北，二层楼建筑。五开间，重檐硬山顶。穿斗式梁架，进深五柱六檩。盖小青瓦。	
2	里钓山16号民居	里钓自然村里钓山11号	民国	146	坐东北朝西南，二层楼建筑。台门位于院落的西侧前部，院落窄小。三开间，重檐硬山顶。穿斗式梁架。盖小青瓦。	
3	里钓山18号民居	里钓自然村里钓山18号	清末	229	坐东北朝西南，二层楼房。七开间，单檐硬山顶。盖小青瓦。	
4	里钓山19号民居	里钓自然村里钓山19号	清末	284	坐东南朝西北，正屋五开间，单檐硬山顶。穿斗式梁架，进深七柱八檩。东耳房一间，耳房前接门房一间。盖小青瓦。	
5	里钓山45号民居	里钓自然村里钓山45号	晚清	628	坐东北朝西南，四合院落。门房营造讲究，三开间，中为门道，进深七柱八檩，地铺石板。内檐下用龙首衔珠月梁，柱头科雕刻精美，红色花草纹饰枝条细腻，纹理分明。外檐下用双檐檩，第一道檐檩用十字斗拱承托。正屋六开间，单檐硬山顶。穿斗式梁架，进深六柱七檩。东、西尽间厍头。东、西厢房现存各一间。盖小青瓦。	
6	里钓山72号民居	里钓自然村里钓山72、73、74号	晚清	421	坐北朝南，三合院。正屋三开间，硬山顶。穿斗式梁架，进深六柱七檩。左右厍头各一间，与东、西两厢连接。盖小青瓦。	
7	里钓山76号民居	里钓自然村里钓山76号	清中晚期	400	坐西朝东，三合院。正屋三开间，单檐硬山顶。穿斗式梁架，进深六柱七檩。南、北厍头各一间，厢房二间。盖小青瓦。	
8	里钓山91号民居	里钓自然村里钓山91号	清中晚期	1190	坐北略偏东，四合院落。正屋四开间，单檐硬山顶。穿斗式梁架，进深六柱八檩。正屋后有罩房六间，西侧现存厢房二间与正屋西耳房相接。门房四间，东侧有厍头接厢房。东第二间为门道，穿斗式梁架，进深四柱四檩。盖小青瓦。	

【**人文古迹**】

1. 穿宕

里钓山三个老宕从南到北一字排开，气势独有。穿宕在攀宕的北部，因石宕取石打穿了山顶而得名。该宕现遗留两个石窟、一座孤岩和一块巨石，听说那块硕大的巨石是宕顶因底下掏空塌下来的，幸好宕中的工匠们都放工了，无人遇难，听起来令人惊奇不已。

2. 红宕

红宕因石质是肉红色的，盛产红石板，而闻名海内外。在台湾以及南洋各地，里钓山的红石板是紧俏货，名气很大，按行话来讲就是"名牌"。

3. 里钓小学

里钓小学位于里钓山 57 号，始建于 1963 年，现已荒废多年。坐西北朝东南，占地面积 172 平方米。校舍面阔七间，为砖石结构的现代建筑，两尽间为库头，原做教师的办公室。中部五间为教室，单檐硬山顶，青砖前立面，下部有石墙裙，其他立面墙体皆石块砌筑，内抹黄泥，外涂白灰。人字形木结构梁架，檐下用青石方柱支撑挑梁。地面铺石板。屋前有小块庭院，供学生课间活动。

里钓石窗

4. 里钓山礼堂

里钓山礼堂位于里钓山 135 号，建于"文化大革命"时期。坐东南朝西北，正门开于西北侧山墙下，占地面积 174 平方米。正面窄，两侧宽，松木人字形梁架，上盖小青瓦，基本无出檐。正面用封火山墙，外侧灰塑红色五角星，下衬六面红旗，分两侧"V"字形排列。下部为水泥墙面，前开两扇木门。礼堂两侧皆石块砌筑墙面，上部开有方形小窗，罩渔网。

里钓山礼堂原为村民集会场所，是当时最为宏大的公共建筑，政治色彩浓厚。现作为厂房使用。

第二节　普陀区

七、展茅街道翁家岙村

【概况】

翁家岙村村落建在山坳，以姓氏翁姓得名。耕地510亩，林地1115亩，村民以种粮为主，兼营手工业。翁家岙村隶属展茅镇横街社区。展茅历史悠久，人杰地灵，是抗日战争和解放战争时期舟山革命武装力量主要活动基地，素有"革命老区"之称号。展茅又有"五匠之乡"的美称，全街道从事木、船、石、泥、篾等手工业者达5000余人，2008年建成展茅五匠馆，成为传承五匠文化的重要载体。展茅还是"鱿鱼干之乡"，境内有全国最大的鱿鱼加工市场——"展茅鱿鱼市场"。

【祠堂选介】

1. 翁氏宗祠

翁氏宗祠位于翁家岙村东中心路29号，坐东朝西。据《翁氏宗谱》记载建于清初，有300多年历史。清光绪三十一年（1905），宗祠大修。现有前厅、天井、后厅、围墙等，占

翁氏宗祠

地面积458平方米。前厅通面阔五间，明间三架梁，前单步后单步梁，次梢间穿斗式，硬山顶，屋面盖小青瓦，屋脊饰连球。东次间建一台门，上书"翁氏宗祠"四字。后厅通面阔五间，明间四架梁，前单步后双步梁，设前廊，次梢间穿斗式。明、次间均设六扇木板门，梢间设四扇木板窗；硬山顶，屋面盖小青瓦，屋脊饰连球。

翁氏宗祠风格古朴，规模较大，保存完好，对研究地区发展、宗族流变等都有重要意义。现为舟山市文物保护单位。

2. 翁大祖祖堂

翁大祖祖堂位于翁家岙村中心路 18 号，坐东朝西，据《翁氏宗谱》记载建于清代，占地面积为 31 平方米。该祖堂通面阔一间，五檩前廊子，穿斗式，单檐硬山顶，屋面盖小青瓦。它是翁氏第二代中最长者的祖堂，相比翁二祖等其他家祠，规模较小，且保存较差。

3. 翁二祖祖堂

翁二祖祖堂位于翁家岙村东中心路 22 号北面 1 米，坐东朝西，据《翁氏宗谱》记载建于清代，建筑面积为 52 平方米。该祖堂通面阔一间，七檩七柱，穿斗式，单檐硬山顶，屋面盖小青瓦。它是为纪念翁家岙第二代第二子而建，距今约有 150 年。现主要用于二房翁氏族人过世时做丧事用。周围多旧民居，住二房族人。房前 13 米外有一口二房井。

4. 翁五祖祖堂

翁五祖祖堂位于翁家岙村东中心路 16 号北面 2 米，坐东朝西，据《翁氏宗谱》记载建于清代，占地面积 75 平方米。该祖堂通面阔一间，九檩九柱带前廊，穿斗式，硬山顶，屋面盖小青瓦，2007 年重修。翁五祖祖堂现主要用于五房翁氏族人过世时做丧事用。周围多旧民居，住五房族人。

5. 翁六祖祖堂

翁六祖祖堂位于翁家岙村北中心路 22 号北面 2 米，坐东朝西，占地面积 65 平方米。据《翁氏宗谱》记载建于清代，为纪念翁家岙第二代第六子而建。现主要用于六房翁氏族人过世时做丧事用。周围多旧民居，住六房族人。祖堂通面阔一间，七檩七柱带前廊，穿斗式，硬山顶，屋面盖小青瓦。

翁六祖祖堂

1. 郑家山龙宫

郑家山龙宫位于翁家岙村郑家山西侧山腰，坐东朝西，据《展茅镇志》记载建于清光绪二十六年（1900）。龙宫为八柱楼式石质仿古建筑，重檐庑殿顶，通高3.5米。下层高2.3米，面阔2.45米，进深2.25米，用柱八根，内外柱形成一围廊。上层高1.2米，面阔0.8米，用柱四根，进深1米。上层西面檐下正中镌"龙宫"两字，后墙雕刻着龙吐水图案。整个龙宫雕刻门、窗、椽、飞椽瓦等，刻工精细，形象逼真。现为区级文物保护单位。

郑家山龙宫

2. 龙王神话故事碑

龙王神话故事碑位于翁家岙村郑家山山脚下龙王堂内，刻于清光绪三十年（1904），花岗岩石质。碑高2.44米，宽0.38米，厚0.15米。张明经撰文，柴汝娟书。于1972年建龙王堂水库时出土。该碑详细叙述了清乾隆年间小金川叛乱，龙王化身老翁，担水为兵马解渴，一军得保无恙的神话故事。

3. 下房桥

下房桥位于翁家岙村翁家溪下游，南北走向。据当地老人回忆，建于清代，已有200余年历史。该桥为单孔石拱桥，面积约20平方米。长7米，宽2.35米，拱跨2.8米，拱券用不规则乱石并列砌筑。1964年村里组织群众对桥面进行过一次修理。现为区级文物保护单位。

八、东极镇庙子湖村

【概况】

东极是中国海洋最东端的边境岛屿，"东极"——名副其实。东极镇下辖一社区、一村、四个经济合作社，即东极社区（村）、庙子湖经济合作社、

庙子湖岛

青浜经济合作社、黄兴经济合作社和东福山经济合作社。庙子湖在册881户，2185人。

庙子湖岛不仅有浓厚、古朴的渔家特色，更有美不胜收的风光，它几乎包揽了真正意义上的阳光、碧海、岛礁、海味，且气候宜人，水质清澈，是少有的纯洁之地。庙子湖海面一年四季变化有常，静胜杭州西湖，一马平川；怒比钱塘秋潮，惊涛裂岸。

2016年，东极镇被明确为省级第四批历史文化村落保护利用一般村。根据实际情况，东极镇制定了《庙子湖历史文化村落保护利用项目表》，包括庙子湖村的古建筑、村内古道修复，近1000米环岛道路两侧的绿化改造，等等。最近，住房和城乡建设部、文化和旅游部、国家文物局、财政部、自然资源部、农业农村部共同下发通知，公布第五批中国传统村落名单，庙子湖村榜上有名。这也是继岱山东沙、金塘大鹏岛村后，舟山市的第三个国家级传统村落。

【石屋选介】

一百年的风雨飘摇，不变的是它的厚实与稳固，看石屋群建筑，感受它的沧桑。由于庙子湖海上风浪大，岛人因地制宜，采用岛上漫山遍野的石头，沿着山体，层层叠叠，乘势而上，

庙子湖老街

造就了一排排高低错落的石头房子。而这古朴典雅又简单实用的石房子，也因此成就了庙子湖一道独特的风景。这是一条真正的老街，一走进去便令人感觉进入到另一个世界。街道很窄，大约只有 1.5 米宽，街道不长，约 5 分钟就能走到头。路两边的石头房子古朴端庄，多是一些杂货店，与民居比肩相拥。

庙子湖村落旅游资源丰富，历史文化底蕴深厚，岛上不仅留存有百年以上的古民居建筑群，而且渔民画更是以层次分明、海洋气息和渔腥风味浓郁而著称。此外，财伯公庙、东极渔民画展厅、财伯公塑像、东海游击队烈士纪念碑、东翔厅观潮、战士第二故乡、海疆卫士门、东海第一哨、极恋区（直升飞机场、《极恋》拍摄址）等等，令人流连忘返。

【人文古迹】

船舶修造厂旧址

庙子湖船舶修造厂旧址位于庙子湖南侧，坐北朝南，建于 1973 年，修造厂整体由厂房、机房、发电厂及拖船机械轨道组成，占地面积 1200 平方米。该厂属镇办企业，拥有固定资产 14

庙子湖船舶修造厂旧址

万元，生产能力为修理 80 吨以下的木壳渔船。船舶修造厂除发电厂仍在使用外，其余均已荒废。该船厂旧址见证了东极海岛渔村的发展历程，具有较高的历史和科学价值。

九、东极镇东福山村

【概况】

东福山村由大岙、大树湾 2 个自然村组成，截至 2017 年年底，辖区内共有在册户数 243 户、594 人。近年来，东福山村以申报"浙江省千村示范万村整治"工程为契机，以古建筑为根本，以旅游为载体，不断提升当地旅游文化品位，夯实旅游文化基础，打造"宜居、宜业、宜游"的美丽村落。2019年，东极镇东福山村入选浙江省历史文化村落保护利用重点村。

【石屋选介】

1. 东福山石屋群

东福山石屋群

东福山既有碧海奇石的美称，还有美丽动人的传说故事。世传秦时徐福率三千童男童女下东海为秦始皇求长生不老之药，驻足地便是东福山。东福山有迷人的山海风光和纯粹的渔家风情。家家户户门前挂上墨绿色的渔网，房子都是采用岛上原有的石头砌成，石房、石墙、石板路，构成了一个石头世界。据统计，遗存的石屋达150余处。这些古朴的石阶、石板、石条等处处渗透着独特的海洋文化气息，是渔牧文明的结晶。大概是怕大风将屋顶的瓦刮走，瓦上面都压着一排排的石头。为了抵抗台风而建筑的这种海边特有的石屋如今成了海岛最有特色的一道景点，石屋帮助渔民度过了一个又一个台风季节，同时也带给游人惊讶和赞叹的喜悦。

2. 白云宫

白云宫位于东福山西侧山腰，始建于清宣统二年（1910）。由正殿、台门组成，坐东朝西，占地面积358平方米。台门宽3.56米，长3.42米，由石块和石条构建而

白云宫

成。正殿面阔五间，通进深9.6米。穿斗式梁架，单檐硬山顶，两端饰龙吻，屋面盖琉璃瓦，石质墙体。庙上石壁刻有白云洞、白顶山等。

白云宫建于石壁上，面朝大海，背靠山，信奉香客众多，属海岛较有特色的庙宇建筑，有一定保护价值。

十、普陀山镇龙湾村

【概况】

龙湾村是普陀山镇唯一的一个渔村。该村地处著名景点"南海观音"与"南天门"之间，背靠"紫竹林"，面朝"金沙滩"。全村有202户，总人口466人。1991年由浙江大学设计院设计，统一建造了造型美观、布局合理的住宅楼（二层小洋楼，现在都成了农家乐）。龙湾村环境优雅，卫生整洁，设施齐全，服务配套。2002年6月被舟山市组织部评为"渔农村社会主义现代化建设示范村"。

【民居选介】

1. 永福庵

永福庵位于龙湾村20号。原居民49户，153人。[1]明万历间僧普绍同孙心古、心盛创建。清道光间僧本果重建。光绪二十四年（1898）徒静昌重修。

永福庵坐落在坡上台地，坐西朝东偏

永福庵

南，建筑分布面积1600平方米。中轴线上分布山门、大殿，两厢僧寮、斋堂等。大殿占地面积201平方米，三开间，单檐硬山顶。通面阔13.8米，通进深13米。明间抬梁式，次间穿斗式。

---

[1] 普陀县地名办公室《浙江省普陀县地名志》（内部发行），1986年，第66页。

2. 普门庵

普门庵位于龙湾村 60 号，吉祥岙东北。原居民 29 户，105 人。[①]始建年代不详，清康熙间僧寂悟同徒孙普闻重修。

普门庵坐北朝南偏西，建筑面积 1530 平方米。中轴线上分布山门、大殿，两厢分列天井东、西，形成合院。东厢房东侧有一僧寮。大殿两层楼阁，五开间，占地面积 158 平方米，通面阔 14.4 米，通进深 11 米。

3. 白莲台

白莲台位于龙湾村 82 号吉祥岙东南，近金沙滩东端。原居民 27 户，90 人。[②]清光绪初年僧净守创建。

白莲台背山临海，建筑坐北朝南偏西，面积 1192 平方米。中轴线分布山门、大殿，两侧厢房、僧寮、斋堂等。大殿三开间，单檐硬山顶，占地面积 193 平方米。通面阔 11.58 米，通进深 10.64 米。明间抬梁，次间穿斗。前檐额枋，雕刻精美。

【人文古迹】

抗倭摩崖题记

抗倭摩崖题记位于龙湾村潮音洞崖壁上，刻于明嘉靖三十二年（1553）。镌面朝南偏西，高约 1.1 米，宽近 1.2 米。镌文直书，4 行共 28 字："明嘉靖癸丑季秋，副使李文进、参将俞大猷、都司刘恩至，督兵灭倭于此"，楷体，字径 0.09 米。记录明嘉靖年间，抗倭名将俞大猷等率军在普陀山一带抗击倭寇，保卫疆土，歼寇二百，明军大胜的历史事件。其西侧下方有小字落款，因风化严重，难以辨识。

俞大猷（1504—1580），字志辅，号虚江，福建泉州北郊濠市濠格头村人，明代著名抗倭将领、武术家、诗人、兵器发明家，其主要功绩是领导抗倭战争。他历仕明代三朝，一生坎坷，戎马生涯 47 年。俞大猷率部转战于苏、浙、闽、粤之间，身经百战，战功显赫，与当时另一位抗倭名将戚继光并称"俞龙戚虎"。《明史》有传。嘉靖三十二年三月，俞大猷率闽中楼船突击普陀山的倭寇巢穴，取得重大胜利，事后题刻于此。现为舟山市文物保护单位。

---

① 普陀县地名办公室《浙江省普陀县地名志》（内部发行），1986 年，第 66 页。
② 普陀县地名办公室《浙江省普陀县地名志》（内部发行），1986 年，第 66 页。

第三节 岱山县

十一、东沙镇东沙社区

【概况】

东沙镇辖东沙、桥头、泥峙、司基4个新型社区及渔业专业经济合作社。东沙社区位于岱山岛西北端，北濒岱衢洋，东邻桥头社区，南与岱西镇接壤。现在的东沙社区于2005年6月21日行政区域调整后由原东沙社区和念母社区合并而成。原东沙社区由沙河口居委、横街居委、新街居委、铁畈沙居委撤并而成。原念母社区由念母居委和念母村撤并而成。社区现有总户数2530户，人口4967人。区域面积约4平方公里。2012年被列入第一批中国传统村落名录。

东沙历史悠长，文化积淀厚重。据考证早在4000年前就有人类在东沙角繁衍生息。2200多年前秦始皇遣徐福率三千童男童女寻找长生不老之药，看到岱山岛屿缥缈朦胧，犹如仙境，遂登临寻仙，登临之处为东沙山咀头。建于清光绪年间的"海天一览亭"中有碑文记载。

【民居选介】

东沙古镇建制于唐，兴盛于清。据《中国渔业史》记载：东沙渔港形成于清康熙年间，遂以渔兴市，以市兴镇，成为中国东部沿海著名的渔业商埠。东沙得渔盐之利，在清朝、民国时期，商贸得到飞速发展。岱衢洋盛产岱衢族大黄鱼，每年渔汛季节，沿海山东、江苏、浙江、福建等地渔船云集，"船过数千，人过数万"。清代文人王希程有诗曰："海滨生长足生涯，出水鲜鳞处处皆。才见喧阗朝市散，晚潮争集又横街"，可见横街摊位上海鲜产品之多，鱼货买卖之活跃。据民国二十二年（1933）《申报》记载："东沙角一隅，居民三千，大小店铺四百余号，其商业密度实为罕见。"

悠久的历史，繁荣的商贸，形成了东沙镇特有的文化底蕴与人文内涵，

尤以建筑文化、宗教文
化、民俗文化与饮食文化
别具特色。一批"老字号"
商铺纷纷兴起，如严永
顺米店、三阳泰南货、
鼎和园香干、聚泰祥布
庄、王茂兴老酒等。

朝着老街往里走，
悠悠的古巷，古色古香

东沙古镇

的民宅，留着旧商号印迹的店铺，还有渔厂、盐坨、货栈等比比皆是，古
朴典雅。整个镇区纵街横巷，井然有序，房屋建筑布局严谨、结构牢固。
有人把东沙传统建筑的特点概括成六个方面：一是房屋错落有致，所处地
势开阔，南高北低，有一定的层次感；二是不少房屋建在海边，带有浓浓的"海
味"；三是建筑种类多样，集各地之大成而独具特色，既有四合院式的民
居建筑、宏伟气派的宗祠建筑、古朴典雅的庙宇建筑，又有功能各异的商
号建筑，还有近代欧式建筑；四是建筑用料讲究，不少殷实人家其厅院立
柱大多是专程从福建北部山区运来的樟树、柏树、杉树等建成的，厅院用
平直石板铺设，屋墙石料也多用大理石、花岗石等上等石材；五是东沙建
筑具有古典风范，飞檐画廊，精雕细琢，其建筑艺术极富明、清两代特色；
六是东沙建筑历史悠久，现存的近百处古建筑中，最早已有200多年的历史，
100年左右历史的建筑到处可见。近几年来，东沙相继成为《地下秘密战》
《苦瓜弄》《徐福东渡传奇》《东方欲晓》等多部影视剧的内外景拍摄地，
被一些影视界行家称为"原汁原味的海上影视城"。

兹择要列表如次：

序号	名称	地址	沿革（年代）	占地面积（㎡）	主体建筑描述	备注
1	钟家老宅	东沙社区交通路10—22号	清康熙	657	坐西北朝东南，三合院落。正屋五开间，单檐硬山顶。穿斗式梁架，进深七柱七檩。左、右厢房各三间，穿斗式梁架。盖小青瓦。	

序号	名称	地址	沿革（年代）	占地面积（㎡）	主体建筑描述	备注
2	孙家老宅	东沙社区铁畈沙路77—81号	清中晚期	448	坐西北朝东南，由二层主楼、厢房及台门构成三合院。主楼五开间，通面阔12.5米，重檐硬山顶。穿斗式梁架，七柱八檩，通进深10.4米。盖小青瓦。主楼前方两侧有厢房各一间，通过围墙合院，围墙各开台门一座。	
3	韩家宅院	东沙村兰田二路26—38号	清同治	612	坐北朝南，四合院。正屋五开间，砖木结构，单檐硬山顶。盖小青瓦。	
4	张家松房	东沙村解放路157—173号	清光绪	808	坐北朝南。正屋七开间，单檐硬山顶。穿斗式梁架，进深七柱七檩。明间为祖堂，悬"百忍堂"匾，光绪十五年（1889）制。西厢房三间，穿斗式梁架。东尽间与东厢房已改作街面房。盖小青瓦。	
5	张家梅房	东沙村解放路238—244号	清光绪	590	坐北朝南，二层砖木结构楼房。主楼五开间，重檐硬山顶。穿斗式梁架，进深八柱八檩。盖小青瓦。	
6	俞家老宅	东沙社区渔盐弄17号	清末	387	坐西北朝东南，由主楼、两厢组成。主楼五开间，通面阔15.35米，重檐硬山顶。穿斗式梁架，通进深6.8米。左右厢房各三间，穿斗式梁架。盖小青瓦。	系"德茂鱼厂"原址。院内尚存用于腌制大黄鱼的落地桶。
7	李家宅院	东沙社区自由弄1号、横街20—24号	清末	598	坐西朝东，四合院。正屋五开间，砖木结构，单檐硬山顶。穿斗式梁架，进深五檩五柱。左、右厢二层楼房，各两开间，单檐硬山顶。盖小青瓦。	

序号	名称	地址	沿革（年代）	占地面积（m²）	主体建筑描述	备注
8	戴家宅院	东沙社区河北路61—63号	清末	745	坐东北朝西南，四合院。正屋五开间，单檐硬山顶。穿斗式梁架，进深七檩七柱。明间中堂悬"荣省堂"匾，民国二十八年（1939）孟冬立。东厢五开间，穿斗式梁架。西厢二层楼房，三开间，穿斗式梁架。盖小青瓦。	
9	董家宅院	东沙社区自由弄17号	民国	153	坐西北朝东南，由正屋和厢房组成。正屋二层楼房，单檐硬山顶。穿斗式梁架，进深七檩七柱。明间设神堂，四周回廊，扶栏拷藤，相当精美，有"董家神堂，王家眠床"之称。盖小青瓦。	
10	谢家老宅	东沙社区建设路20号	民国	232	坐西北朝东南，由正屋与两厢组成。正屋五开间，通面阔18米，单檐硬山顶。穿斗式梁架，通进深5.75米。两厢各一间，穿斗式，通面阔4米，通进深3.5米。盖小青瓦。	
11	金家宅院	东沙社区人民路73—75号	民国	817	坐东北朝西南，由正屋、两厢组成四合院。正屋五开间，单檐硬山顶。穿斗式梁架，进深七檩七柱。两厢各三间，穿斗式梁架。盖小青瓦。	
12	岑家宅院	东沙社区和平路6号	民国	726	坐北朝南，由正屋、两厢组成四合院落。正屋五开间，单檐硬山顶。穿斗式梁架，进深八柱八檩。两厢各三间，穿斗式梁架。盖小青瓦。	屋主人岑华封（1860—1928）曾于1916年出银元3346元，修建南浦大塘，获北京政府大总统黎元洪银质褒章，书"急公好义"四字；1928年发起修建饮水池"戊辰河"。
13	邵家宅院	东沙社区和平路23号	民国	699	坐西向东，由正屋、两厢及台门组成四合院落。正屋七开间，单檐硬山顶。穿斗式梁架，进深七檩七柱。南厢房三开间，北厢房二开间，穿斗式梁架。盖小青瓦。	

【人文古迹】

东沙是个汇集四海渔民、客商于一处的古渔镇，各地文化在这儿交会，佛教、道教、基督教多种信仰并存。镇区内寺院宫庙众多，较有名气的如资福寺、报恩寺、净观寺、羊府宫、五都府、真神堂等。

百年古镇东沙角，虽然已淡去了昔日的繁华，但浓郁古朴的渔家风土人情依然吸引着外来游客，让人们驻足留恋。今天的东沙，越来越重视古镇文化价值，对古镇进行了妥善地保护，并有序地推进开发，相继建成修复了中国海洋渔业博物馆、中国书雕城、聚泰祥布庄、香干老作坊、陶吧艺术馆、渔都古镇"老字号"一条街等项目。

聚泰祥

兹将境内人文古迹择要列表如次：

序号	名称	地址	沿革（年代）	占地面积（m²）	主体建筑描述	备注
1	戊辰河	东沙社区和平路81号正东面	民国	1271	民国十七年（1928），东沙鼎和酱园老板戍锦品发动岑华封等，集资4000多银元开掘而成。是年系农历戊辰年，故名"戊辰河"。河塘呈长方形，长约41米，宽31米，深约5米。四周砌筑块石，北端设三级石条台阶，称"戊辰门"。河北侧立石碑，高2.1米，宽0.8米，书"戊辰河"，左右分刻"公禁洗物""如违送究"，落款"民国十七年"。	

序号	名称	地址	沿革（年代）	占地面积（m²）	主体建筑描述	备注
2	沙井	东沙社区运动路二弄1号	清代中期	12	井口有石块砌成厚约30厘米的墙体护围，呈菱形。井口长6.5米，宽1.9米。井口低于周围地面，有10级台阶，石条砌筑，依次向上。井旁立石碑，已风化，字迹不清。	
3	羊府宫	东沙社区河北路1弄6号东	清道光	456	坐东朝西，中轴线分布有照壁、前后大殿，两侧南、北厢房。后大殿五开间，单檐硬山顶，通面阔18.2米。明间五架抬梁式，次、尽间穿斗式梁架，通进深10.55米。盖小青瓦。	
4	升记号发兑铺	东沙社区横街33号、人民路18号	清中后期	51	发兑铺原为渔行和渔民间兑换银票和典当的金融机构。主楼二层，抬梁式，歇山顶。东、南两面与店铺相连，店铺木制老招牌"百余年老店——升记号发兑铺"尚留在横街和人民路的拐角处。	
5	东沙菜市场旧址	东沙社区沿河路17号	当代	578	始建于1953年，省级文物保护单位。坐南朝北，长24.9米，宽23.2米，中央天井有2垄卷棚式建筑，人字梁。四周围廊，盖小青瓦。	
6	东沙搬运站旧址	东沙村山咀头二路3号	当代	223	始建于1951年。坐南朝北，六间二层楼，砖混结构。正门门面向外凸出0.7米，上题"伟大的导师 伟大的统帅 伟大的领袖 伟大的舵手 毛主席万岁"等鲜红大字，中间簇拥鲜红的大五角星图案。书写于"文革"时期。	

序号	名称	地址	沿革（年代）	占地面积（㎡）	主体建筑描述	备注
7	聚泰祥绸缎庄	东沙社区人民路	民国	200	坐北朝南，前后共三进。门面三层，顶部装饰有罗马式山花，卷叶纹。中层镶嵌"聚泰祥"招牌匾额，丙子年（1936）立。前厅二层，顶开天窗，自然采光。	
8	义和公所旧址	东沙社区渔盐弄2号	民国	86	民国十一年（1922）东沙渔业公所"义和公所"所在地。坐北朝南，三间二层楼。	《岱山镇志》载奉化孙振麟《岱游记》文：各帮渔船皆于东沙设立公所，签派柱首，延请董事，以为议事机关。公议鱼价，知照鱼行执行之。曰"义和"，曰"义安"，皆奉化桐照帮也。
9	中国通商银行旧址	东沙社区人民路23—27号	民国	426	坐北朝南，三合院落。北面正屋，东、西两侧有二层楼房，因为曾被当作银库，木质结构外都包有铁皮。屋前走廊和天井呈"T"字形，西侧有一口水井。大门外"中国通商银行"六个字保存完好。	
10	宝成银楼旧址	东沙社区和平路5号	民国	309	坐南朝北，主楼五开间二层，单檐硬山顶。穿斗式结构，进深七柱七檩。盖小青瓦。	
11	鱼行旧址	东沙社区山咀头一路34号	民国	78	坐北朝南，二层砖木结构，单檐硬山顶。穿斗式梁架，进深七柱七檩。盖小青瓦。	
12	山咀头碉堡	东沙社区蛤蚆山西北侧山顶	现代	20	坐南朝北，长方形，正面长约6米，宽约3米。碉堡炮孔分上下两层，上层炮孔三个，面朝北、东、西三个方向；下层炮孔两个，面朝东、西两个方向。碉堡东侧10多米处和30多米处有两个军事附属设施。	

序号	名称	地址	沿革（年代）	占地面积（㎡）	主体建筑描述	备注
13	中共岱山县委旧址	东沙社区解放路203号	民国	1000	坐西南朝东北，四合院。盖小青瓦。	1953年4月至1956年1月，中共岱山县委在此办公，后迁至高亭。2005年改作中国海洋渔业博物馆。
14	中共东海工委旧址	东沙社区念母路67号	民国	110	坐北朝南，正屋二间，穿斗式，单檐硬山顶。盖小青瓦。	1943年至1948年期间中共三东工委（1948年1月后改为中共东海工委），派遣詹步行、童青梅等同志，在这里以"美丰杂货店"为掩护，开展革命活动。曾是中共三东工委领导镇海、鄞县、奉化三县东部和原定海地区的抗日战争和解放战争的活动机关。
15	东沙海产加工作坊	东沙社区解放路	现代		腌制岱衢族大黄鱼的咸黄鱼鲞（俗称"三刀头"）的传统作坊。现存桶40口，北区27口均有分布，南区13口，制作材料以杉木为主，直径2~5米，桶深约2~3米，大桶可装鱼货200担以上（每担100斤），中桶150担左右，小桶70~80担。落地桶一半埋在地里，桶口高出地面25 30厘米，四周铺设石板。	省级文物保护单位

十二、东沙镇桥头社区

【概况】

桥头社区位于岱山本岛北端，地理位置优越，交通十分便利，陆地面积约8平方公里，现有总人口5370人，户数2502户。社区现有耕地面积

952.25亩，其中水田306.8亩，旱地645.45亩，盐田面积1834亩，山林面积1500亩，拥有大小水库6座。辖区内自然资源丰富，人文环境优美，书院八卦山有"小蓬莱"之称。

【民居选介】

1. 杨家老宅

杨家老宅位于桥头村上街156—160号，百余年历史。坐北朝南，原为一处四合院，"文革"期间被毁，现仅存三座台门和一进正房。三座台门错落分布，朝向不一。门楼原有人物、

杨家老宅

花草精美雕刻，"文革"时人物头像均被铲掉。正房共四间，单檐硬山顶，覆盖小青瓦，正脊饰连球。穿斗式梁架，进深七柱七檩。木板隔间，水泥地面。檐下用月梁、柱头科，木雕彩凤、甘菊、牡丹等作为装饰。

杨家在百年前经营酱油作坊，在当地小有名气。该宅规模庞大，用材和工艺都很考究。

2. 汤浚故居

汤浚故居位于桥头村新道头自然村汤家弄4—5号，建于清代晚期。建筑坐北朝南，为完整的三合院，占地面积约为660平方米。正房面阔五间，单檐硬山顶，盖小青瓦，正脊双重燕尾，装饰连球。檐下用月梁、柱头科，雀替纹饰繁复，雕工精湛。室内穿斗式梁架，进深五柱五檩。

汤浚故居

明间前立面开六扇红漆格扇门，次间前立面通体木质，用雕花格扇窗。左、右厢房各四间，规格略低。天井方石板铺就。前后三道台门，青瓦白墙，红漆木门。

汤浚（1864—1936），原名铭篆，字尔规，别号遁庵居士。清光绪九年（1883）在县学考试中获第一名秀才，宣统元年（1909）开省科取士，汤浚列拔贡（科举中第一学位）第一名，钦命浙江巡抚部院、浙江提学司为其立"文魁"匾额一方，并受征侍郎，试用江西直隶州州判，至民国元年（1912）挂冠回乡。回乡后任职岱山蓬山书院，曾主编民国《岱山镇志》。

汤浚故居是一处保存较为完好的清代民居建筑，屋主曾在此开办过私塾。

【人文古迹】

1. 济生池碑刻

济生池碑刻位于桥头村康宁路19号前池塘东南侧，立于清同治十三年（1874），碑刻正面朝东南，碑高1.5米，宽0.62米，厚0.15米，占地面积约0.09平方米。石碑紧邻池塘，碑旁树木丛生，石碑左侧局部棱角有缺损；碑刻文字为阴文，记述济生池的历史和有关情况。

济生池碑刻保存较好，对研究当地水利史和风土人情具有一定的价值。

2. 毛主席语录牌

毛主席语录牌位于桥头村宫门大酒店门口前5米处，1967年建。语录牌有三层大理石基座，呈三面凹形，通高7.65米，占地约4.5平方米。每一面都有三层，底层为"我们的责任是向人民负责""四海翻腾云水怒，五洲震荡风雷激"等毛主席语录和诗词；第二层每一面都是毛主席像；最上面一层每一面都有"毛主席万岁"五个大字；在毛主席语录牌最顶上有国徽和红旗。现为舟山市文物保

毛主席语录牌

护单位。

毛主席语录牌是"文革"期间的代表性建筑物，形制特别，具有较大的纪念意义和历史价值。

十三、高亭镇石马岙村

【概况】

石马岙村与南浦村、蟹钳岙村、刘家岙村同属原岱中乡（现属高亭镇），乡政府驻地石马岙村。石马岙村地处岱山岛中部，三面环山，村域面积5.92平方公里，由石马岙、刘家岙、陈家间、蟹钳岙自

石马庙

然村合并而成。有1204户、4075人。区域内历史底蕴深厚，人文古迹众多。

【民居选介】

石马岙举人府

石马岙举人府，当地俗称"旗杆墙门"，位于石马岙村长墩弄19—22号，清代建筑。坐东北朝西南，面积约800平方米。石马岙举人府现存台门、正房和两侧厢房，台门上精美雕刻毁于"文革"期间。正房面阔五间，穿斗式梁架，用七桁；木板隔间，石板铺地；单檐硬山顶，盖小青瓦。明间设神龛，梢间及厢房都有破损。天井内杂草丛生，杂物堆积，仅有一条石板铺路可以通行。

石马岙举人府是清道光二十六年（1846）武举人于九皋的宅院，目前房屋保存虽差，但整体结构

举人府

尚好，具有一定的历史价值和人文价值。

【人文古迹】

河清桥

河清桥位于石马岙村中屋弄 72 号南侧，建于清乾隆元年（1736），为单孔石板平桥。南北走向，跨一溪流。长 2.7 米，宽 1.6 米，厚 0.18 米，桥孔高约 1.5 米，中孔净跨 1.2 米。东侧石板刻有"沈成华房喜舍"，西侧刻有"于乾隆元年造"字样。现为县级文物保护单位。

十四、岱西镇双合村

【概况】

双合村位于岱山岛最西端的岱西镇。此处原有两座悬水小岛，名南洞山、北洞山。由于地壳变迁，两岛合一，呼之"双合山"。1980年仇家门海塘建成，遂同岱山岛本岛相连。该地有名的特色是石板（条）。石板的石质细而坚韧，经当地居民五六百年世世代代的艰辛取石开凿，迄今有石景旧迹 50 多处，其中有几处规模宏大，奇石怪洞形状各异。有雄伟挺拔的石峰，形如刀削的石壁；有色彩缤纷的石幔，清晰见底的石潭，颇似绍兴东湖的石景。若沿塘口下窥，洞洞幽幽，碧水挽天，进塘上望，峭壁戴云，如夕阳投

双合石壁

双合村

影石壁上，远望近看煞是壮观。此景曰"石壁残照"，被选为古"蓬莱十景"之一，清诗人刘梦兰曾赋诗："石壁潺颜影倒横，夕阳闪闪十分明。若教移入天台郡，霞彩何曾让赤城。"

2020年，双合村入选浙江省第八批历史文化村落保护利用重点村之一。据了解，该村按照"修复优雅传统建筑、弘扬悠久传统文化、打造优美人居环境、营造悠闲生活方式"的要求，一直保留着早前的石头建筑、石板街弄，有着渔家的古朴原始风貌。

【民居选介】

1. 徐家老宅

徐家老宅位于前岸村营房根88—89号，建于民国十一年（1922），整体建筑坐南朝北，原为四合院，现由台门、正屋以及东厢房组成，占地面积约348平方米。正屋面阔三间，带东厍头；明间进深六柱六檩，抬梁式结构，横梁上雕有金鸡、凤凰、龙、梅花、牡丹等图案，较为精美。台门对开，单檐硬山顶，盖小青瓦，两角飞檐。围墙只剩北面一段保存完好，分上中下三部分：上为双面盖瓦，中为青砖堆砌，下部则是石条堆叠，整齐壮观。

2. 夏家四合院

夏家四合院位于后岸村夏家49—53号，建于民国七年（1918）。坐西北朝东南，由正屋、东西厢房及台门构成完整的四合院，占地面积约774平方米。正屋面阔五间，单檐硬山顶，上盖小青瓦；明间为堂前，进深七檩七柱，穿斗式结构。东西厢房各四间，结构类同正屋。天井现为夯土铺地。穿堂面阔三间，中为台门，向东南开，与正屋明间相对，尚留残损精美浮雕，台门两侧厢房旁各有一小边门。

【人文古迹】

1. "圣路"石刻

"圣路"石刻位于前岸村外山嘴197号西约10米山坡处。"圣路"两字横刻在一块山石上，石高

"圣路"石刻

约 0.7 米，长 1.2 米。"圣路"两字面朝东，字径约 0.15 米，魏碑体，笔力雄健。

据当地村民介绍，"圣路"石刻为刘仁本手书。刘氏系元末明初农民起义军领袖方国珍麾下幕僚。

2. 后岸盐场

后岸盐场位于后岸村东北侧，占地约 1030 亩。后岸村民历来就有用盐板晒盐的传统，原盐场比较分散，1976 年海滩整改，大队把分散的盐田统一建造成流枝滩，即为后岸盐场，总面积约 1200 亩，共 30 副盐滩。盐滩均为泥土砌墩，呈长方形状。每副盐滩设海水滩、走水滩、结晶滩三区域，共 10 格左右。1992 年，盐场搞个人承包，部分盐田改建为养殖虾塘，盐田只剩下 23 副，面积约 1030 亩。

十五、长涂镇长西社区

【概况】

长西社区位于长涂镇小长涂岛中西部。社区成立于 2005 年 6 月，由中段村、长西一村、长西二村三个自然村联建而成。社区共有 1265 户，人口 2854 人。区域内王家四合院、赵家老屋建筑艺术价值较高。

【民居选介】

1. 王家四合院

王家四合院位于长西社区长西二村王家，建于清代末期。建筑整体坐北朝南，占地面积约有 836 平方米，由正房、两侧厢房及台门组成中心院落，厢房外两侧又有两排偏房，形成两个跨院，建筑规模较大。四合院呈狭长方形，硬山顶，覆盖小青瓦。天井内均由四方大石板铺成，整齐干净。正房三间带双厍头，穿斗式梁架，进深七柱七檩，木板隔间，石板铺地；屋顶燕尾式正脊，饰连球，中宫灰塑三仙。

王家四合院石窗

檐下用柱头科，鼓形柱础，石板穿廊。明间设神龛，供奉祖先。

王家四合院有完整的排水系统，屋顶有鱼头形排水设施，地上有三条排水沟通向墙外。布局合理，设计精巧。整座建筑规模宏大，雕梁画栋，工艺精湛。

2. 赵家老屋

赵家老屋位于长西一村南小岙下半山腰，有百余年历史。坐北朝南，面积约 432 平方米。正屋五间，穿斗式梁架，进深七柱七檩，木板隔间，石板地面；单檐硬山顶，盖小青瓦。檐下用月梁，柱头十字斗拱。明间前立面开六扇格扇门。厢房左右各二间，右厢房有过改造。游廊、天井皆铺石板。老屋原有台门，1967 年被拆毁。

十六、秀山乡秀北村

【概况】

秀北社区成立于 2005 年 6 月，由原双凤、大坑、圆墩、黄泥坎、红岩和吽唬六个行政村撤并建设而成，是全乡的政治、经济、文化中心。社区现有居民 1400 户，总人口 3500 人。辖区内拥有全国最大的海岛湿地资源、全国首家泥主题公园和民间自筹成立的"兰秀博物馆"，人文自然资源甚为丰富。旅游业、现代服务业和临港工业成为社区发展的三大主导产业。

【民居选介】

1. 厉家五房

厉家五房位于北浦大坑村厉家，始建于清道光六年（1826），后经多次维修。建筑坐南朝北，现有台门、正房、左右厢房等，占地面积 692 平方米，建筑面积 573 平方米。台门两侧是具有徽派建筑风格的马头墙，两侧分别是四叠，中间开门为两叠。正房由明间，

厉家五房

左右次、梢间组成，单檐硬山顶，屋面盖小青瓦，中宫浮雕"文革"期间被毁。通面阔 23.5 米，通进深 12.6 米，穿斗式梁架，用八檩。门窗、廊柱上均刻有花纹图案，数量众多，精致美观。左右梢间连接左右两侧厢房。

厉家五房原是厉家大院（十亩间）中的第五房，是旧时岱山规模较大、建筑完整的家族式宅院，至今保存完好。现为县级文物保护单位。

2. 圆墩路 47 号民居

秀山圆墩路 47 号民居位于秀北村圆墩路 47 号，至今有百余年历史。原为清末一高姓航运大户所建，后因商船遭灾，损失较大，将老宅转卖给厉家，1949 年后厉家被评为地主，房子被政府没收，现用作兰秀博物馆展厅。整体建筑坐西北朝东南，占地面积约 831 平方米。正房面阔五间，穿斗式梁架，进深七柱七檩，木板隔间，石板铺地，单檐硬山顶，盖小青瓦。檐下用龙首月梁、柱头科，鼓形柱础，石板穿廊。明间前开六扇镶玻璃格扇门，前立面整体涂红漆。两侧厢房各两间。后院有花园。

3. 童家老宅

童家老宅位于秀北村童邵家 15 号，建于清末，坐西南朝东北，占地面积 371 平方米。现有台门、正房、厢房、墙门屋、穿堂等建筑，形成四合院落。正房明间用六柱六檩，穿斗式梁架，单檐硬山顶，盖小青瓦。室内有清光绪壬寅年（1902）立牌匾"启后堂"。前立面开六扇格扇门，上面雕刻有暗八仙、如意、蝉等图案。左、右厢房单檐硬山顶，穿斗结构，木质门窗。正屋后有古井一眼，乱石堆砌内壁，水质清澈。

长寿禅院

【人文古迹】

1. 长寿禅院

长寿禅院位于黄泥坎水库东南侧，始建于后汉乾祐二年（949），明海禁期间院舍遭荒废，到嘉靖七年（1528）另建僧庐数间。1736—1795 年，建成土木结构殿宇 24 间，

"文革"期间遭破坏，20世纪80年代末在原建筑基础上扩建，现占地面积约3000平方米，建筑面积约1800平方米。

长寿禅寺建筑坐南朝北，自东向西共三排，中轴线上分别为台门、天王殿、大雄宝殿和万佛殿四个建筑体，其中台门和天王殿组成前院院落。左、右厢房各一排两层，东厢房上为"藏经楼"，下为"五观堂"，西厢房上为"三圣殿"，下为"德兴堂"。东面一排建筑共三殿，分别为大悲殿、牌位堂和济公殿；西面一排建筑为清慧法师纪念堂、舍利塔园。禅院建筑历史不长，但是整体格局恢宏大气，布局精巧细致，装饰精美。院中收藏有赵朴初、沙孟海、俞德明、妙善等名人墨宝。

2. 兰秀博物馆

兰秀博物馆坐落在北浦，其前身为"天趣园"根雕盆景展览艺术馆，由明清时期的老宅院修缮而成，共有9个房间，是一幢土木结构、古色古香的四合宅院，占地1000多平方米。

根雕

博物馆设厉骇谷先生纪念堂、名人书画作品陈列室、兰秀文物博物馆、"兰秀帮"海运史室、兰秀兰花展览室、根雕盆景作品展览室、兰秀"三大家族"家史室等。藏品有徐志康、杨建伟、倪竹青等名人手迹、书画以及明清木家具、盆景、根雕等200余件。兰秀文化博物馆综合反映了秀山深厚的历史文化，也是秀山风土人情、历史变革的缩影。

第四节 嵊泗县

十七、菜园镇青沙社区

【概况】

青沙社区成立于 2004 年 12 月 27 日，由原青沙村和北鼎星村两村合并成立新的青沙村而建，属一村一社区模式。社区陆地面积 2.06 平方公里，2007 年年底总户数 1180 户，总人口 3069 人，是一个以渔港经济为主，多种产业为辅的新渔农村社区。20 世纪五六十年代，嵊泗县城设在青沙，区域内人文古迹较多。

【民居选介】

1. 唐家老宅

唐家老宅位于青沙村里街巷 51—55 号，建于清末，坐西北朝东南，由正屋、厢房构成独立院落，占地 295 平方米。该建筑上下两层，砖木结构，单檐硬山顶，明间穿斗结构，月梁雕刻，上盖小青瓦。正屋通面阔三间 9.6 米，进深六柱六檩 6.9 米，前檐设上下走廊。东、西厢房，木栅栏，天井水泥地面和合图案，厢房山墙围墙围合，东厢房南侧一楼形成穿堂。

唐家三兄弟早年靠赶大船、捕乌贼、晒鲞出售发家，置业建楼。现房内保存整套七弯梁床，系嵊泗县目前所见做工用料最为考究的梁床。

2. 潘宅

潘宅位于中大街上，建于民国初。现由正屋、厢房、台门、附房、耳房等组成院落，坐北朝南，占地面积 1050平方米。正屋五间，通

潘宅

面阔22米，进深8.5米，砖木结构，单檐硬山顶，上盖小青瓦。明间穿斗式，八柱八檩。檐前设走廊，月梁雕刻动物图案，走廊左右开门。厢房面阔三间，进深六柱六檩，天井四周围墙围拢，天井部分青石板铺面，附房六间。

潘宅系嵊泗土匪头子潘阿财老宅，1950年以后被政府没收，划归县水产公司，后投资抵押给县农业银行，主要供水产公司退休职工居住。

3. 王宝龙宅

王宝龙宅坐落在中大街88号，建于民国初期，1928年从岱山整体迁建而来。该建筑由前后两个独立四合院组成，坐北朝南，占地面积1727平方米。

正屋面阔三间，单檐硬山顶，上盖小青瓦。明间穿斗式梁架，进深八柱八檩，通面阔15.3米，进深8.1米，檐前设走廊，左右接厢房。后院正屋面阔三间，东西厢房各三间，穿斗式梁架，单檐硬山顶，上盖小青瓦。四周围墙护院，天井内铺长方形青石板，四角作雕花漏水。

王宝龙宅

据《嵊泗县志》载：王宝龙又名王品云，是本地臭名昭著的流氓头子，1939年出任伪自治会会长。担任伪职期间，他以各种名目剥削当地百姓，将所得钱财用来吸毒，购买兵器，扩充力量。1947年7月，当地民众自发组织"渔民福利会"，对王宝龙的贼巢进行突袭，打死其子王辛金，监禁王宝龙夫妇。王因吗啡断档而死。

王宝龙宅是嵊泗县域内规模最大、布局最完整的传统民居院落。作为汉奸、渔霸王宝龙的土匪窝，曾一度成为青沙乡乃至整个泗礁、黄龙地区的政治活动中心。

【人文古迹】

源森行渔行旧址

源森行渔行旧址位于里街巷16号，建于民国初期。由正屋、厢房及附属房等组成，坐北朝南，占地约338平方米。正屋三间，上下两层，砖木结构，通面阔 7.04 米，通进深 6 米。楼上有走廊，置木栅栏，天井水泥地面。东西厢房各两间，前围墙连接东西厢房外山墙，把天井封合成院落，围墙西侧开墙门。附属楼房三间两层，砖木结构，紧依主楼。

源森行渔行是已知嵊泗保存较好、规模较大的民国期间渔行，对海岛商贸活动及渔业经济研究有一定作用。

后头湾村

十八、菜园镇后头湾村

【概况】

后头湾村，距离嵊山镇东北方向约 1.12 公里，三面环山，北临港湾。后头湾村曾经是嵊山镇首屈一指的富裕村，其繁华景象号称嵊山的"小台湾"。据了解，近 20 年来，除了若干户种菜的外地菜农，现在几乎没有村民住在后头湾，成为一个无人村。

【民居选介】

这是一个海岛上的老渔村，面朝大海，却人去楼空，民房外墙附满了爬山虎，因此有着四季换装的奇幻效果。每当起雾的时候，蜃气弥漫，宛如置身于梦境。云开雾散，阳光从云缝里洒下来，配上绿色的小房子，蓝色的大海，简直就是一幅绝美的山水画。

十九、黄龙乡峙岙村

【概况】

峙岙社区实行一村一社区，成立于 2014 年 5 月 20 日，辖区内现有居民总户数 830 户，总人口 2433 人。峙岙村位于黄龙乡最北端，四周海域辽阔，渔业资源十分丰富。尤其是加工后的虾米，以体大、色红、肉

峙岙村石屋

净、味美而著称。因其状如弯曲的钩子，故得名为"金钩虾米"，备受各方人士青睐，因而本村又有了"虾米之乡"的美称。区域内元宝山风景区闻名遐迩，历代文人骚客、英雄豪杰，游历于此，留下不少摩崖石刻。

【民居选介】

1. 袁家老宅

袁家老宅位于海口弄38—41号，建于清代晚期。老宅坐西北朝东南，由正屋、厢房等构成三合院落，占地面积约360平方米。该建筑平面呈"凹"字形，三坡顶，上盖小青瓦，砖木结构，清水墙，单檐硬山顶，穿斗式梁架。明间进深六柱七檩，柱间木板隔断，明间前道地部分卵石拼图，左右水泥浇铸，不规则石块铺地。前立面开六扇实木门，次间木板前立面，中间对开实木门。左右库头山墙双叠涩墀头挑檐。

2. 吴家石屋

吴家石屋位于元宝巷52号，建于1977年。坐东北朝西南，占地面积约150平方米。该民居只有一正屋，通面阔三间12.25米，通进深11米。建筑构建台梁、门框、窗框、柱子等全部用整块方石和条石，工艺精湛，形制独特。

吴家石屋正立面构造

【人文古迹】

1. 蔡恒兴渔行旧址

蔡恒兴渔行旧址位于海口弄 34 号，建于民国初期。坐西北朝东南，占地面积 89 平方米。正屋面阔三间，单檐硬山顶，上盖小青瓦。通面阔 11.8 米，通进深 6.35 米。次间山墙壁穿斗式，部分瓦当模印大写英文"USHOW"。明间前立面开两扇门，左右两边上为玻璃隔窗，下为木板槛墙，廊前石板铺面，右山墙前侧开渔行进门。山墙后侧和墀头上有行楷繁体"蔡恒兴"字样，单线勾勒，字迹清晰可辨。天井处乱石铺地。

蔡恒兴渔行曾是当地颇具规模的大渔行，对研究海岛商贸活动及渔业经济发展历史具有一定价值。

2. "东海云龙"石刻

"东海云龙"石刻在大元宝石西壁，石刻面朝南方，分布面积 20 平方米。每字高 0.68 米，宽 0.55 米，方峻挺拔。落款 41 个小字已模糊不清，另镌篆章一枚，为清光绪三十四年（1908）四明张传隆巡海时所刻。现为县级文物保护单位。

元宝石有"东海奇石"之称。传说当年女娲补天时，不慎在东海失落两颗元宝石，是龙孵的两颗龙蛋。

"东海云龙"石刻

元宝石矗立在黄龙岛的陡崖之上，是两块外形奇特的巨石，貌似大、小"元宝"横搁于陡崖之上。大元宝石顶宽底窄，高约 6 米，重约百吨。从东望之，如一把打开的巨大折扇；小元宝石依偎其西，长 4 米，重约 5 吨，两头翘起，中间凹下，底弧形。二石圆转光洁，似神来之石，搁置在倾斜向下的崖顶，看似一触即落。据传，两人牵线，一根细丝能从岩底拉过。

"东海龙云"摩崖石刻

轻撼之，左晃右动，站立其上，蹬之，则上下颠簸，"嘟嘟"作声，欲从崖顶跌落，令人心惊肉跳，但十二级台风却对它无可奈何。

3. "东海龙云"摩崖石刻

"东海龙云"摩崖石刻位于小黄沙弄 34 号对面朝西北石崖上，清光绪年间刻，分布面积 5 平方米。该石刻凿于高 13.2 米、长 11.9 米、宽 5.24 米的石崖中上部，面朝西北。双线外框，横额阴刻楷体"东海龙云"四字，题款位于横额右上角，字迹已风化不清。

4. "瀚海风清"摩崖石刻

"瀚海风清"摩崖石刻位于大峧村西南鸡分脑岗墩山麓，镌刻于明万历三十六年（1608），面朝东北，分布面积 20 平方米。在鸡分岭东北面 60 度倾斜面的中下部镌刻"瀚海风清"四个大字，字径 0.8 米见方，字迹雄健浑厚。左有落款 39 字，右有落款 15 字。右侧小字及"瀚"字右上角于 1971 年大峧村建造海堤时被毁。尚可识别"差浙府都督处邵令导书""参将刘炳文，游击将军陈梦斗同签"等字。现为县级文物保护单位。

"瀚海风清"摩崖石刻

二十、黄龙乡南港村

【概况】

南港村

南港社区是黄龙乡政府驻地。社区成立于 2005 年 6 月 29 日，由南港村、东咀头村联村成立。社区陆域面积 3 平方公里，现有居民户 1686 户，总人口 5100 人。据记载，1951 年前，黄龙岛一直由江苏、浙江两省分治，以岛上南港岗墩为省界，北首归江苏省管辖，南首归浙江省管辖，这在全国较为罕见。境内人文古迹众多。

【人文古迹】

1. 李家商业用房

李家商业用房位于龙南街巷 29—39 号，建于民国初期。坐南朝北，占地 146 平方米，为标准的商业门面房，砖木结构，面阔六间，大小略同，都为下店上居两层楼格局。山墙为砖石结构，下肩石条垒叠，灰墙顶盖小青瓦。通面阔 19.7 米，通进深 7.37 米，一楼廊下右侧山墙开一圆拱式边门，二楼木板前立面，阳台容于屋内。

龙南街为黄龙主要街道，两边商业繁荣。该建筑长期从事商业活动，具有渔村特有的商业模式，楼下开市，楼上住人。该建筑见证了黄龙渔村经济发展及商业模式的演进。值得一提的是，该建筑面板墙上"文革"时期宣传文字依稀可见，栏板上书写着"文革"时期的语录："大学毛主席著作，大立毛泽东思想"。

2. 侵华日军炮台群

侵华日军炮台群位于南港村茶园山山顶，建于 1940 年左右。总分布面积为 2000 平方米，建筑面积 250 平方米。由大小 8 个炮台组成，均为钢筋混凝土结构。大炮台有 3 座，分布较散，直径 8 米，高约 1.7 米，内壁分布 4 个 1 米见方、深 1.6 米的猫耳洞及 1 个深 2.5 米的弹药洞。5 个小炮台集中分布，如 M 形排列。小炮台直径为 3.2 米，高 0.9 米，内壁分布 4 个猫耳洞，0.6 米见方、深 1 米。

侵华日军炮台

侵华日军炮台群保存基本完好，形制多样，为研究日本侵华史提供了重要的实物见证。现为舟山市文物保护单位。

3. "勒石永遵"碑

"勒石永遵"碑位于南港宫山巷 2 号孝子庙内。竖碑，碑高 2.05 米，宽 0.86 米，厚 0.1 米，坐东北朝西南，占地 1 平方米，刻于清光绪二十三年（1897）。该碑额书"勒石永遵"，每字约 10 厘米见方。题书："署理宁波府镇海县正堂加三级纪录十二次军"。款书："发黄龙勒石、光绪贰拾叁年正月二十五日给告示"。碑文楷书阴刻，每字约 6 厘米见方。碑文内容为清同治十一年（1872）间黄龙渔业生产过程中发生的一起因雇工出海作业时不慎失足溺死引发的意外事故及善后事宜。

该碑所在的孝子庙原为居民住房，后改建为私庙。碑原在别处庙内，"文革"时期因该庙被毁，碑无人管理被移入孝子庙内。"勒石永遵"碑对黄龙乡的行政区域变革及乡规民俗的研究有重要意义。

二十一、枸杞乡大王村

【概况】

枸杞岛，古称李西（又名南马鞍岛），因岛上多野生枸杞而得名。枸杞本岛为嵊泗第二大岛。全乡下辖龙泉、大王、庙干 3 个社区，7 个行政村（龙泉、干斜、里西、石浦、大王、庙干、乌沙）。大王村大王沙滩是枸杞岛最大的沙滩，沙质细腻，是夏天游水嬉戏的必去景点之一。海边的水比较清澈，有礁石，如果恰巧碰到退潮，幸运的话可以抓到螃蟹、海螺等。境内沙墩巷程家老宅历史价值较高。

【民居选介】

程家老宅

沙墩巷程家老宅位于大王村沙墩巷33号，民国建筑。原系三合院，由正屋、南北厢房组成。现仅存一厢房，坐西朝东，面积103平方米。木结构砖瓦房，正门开六扇黑漆实木门，称

程家老宅

"小堂前"。左间上开方格玻璃窗，实木墙板。开门对大院正屋。单檐硬山顶，屋面盖小青瓦，进深六柱七檩，穿斗式结构。

据《嵊泗地名志》载："1949年9月，国民党江苏省政府逃亡嵊泗，部分机构曾驻此。"它对研究解放战争时期国民党从大陆溃逃的历史具有重要意义。

二十二、花鸟岛花鸟社区

【概况】

花鸟岛地处国际航道，位于舟山群岛的最北端，马鞍列岛北部，四面环海，东邻公海，南与壁下相望，西南与绿华一港之隔，同嵊山渔港遥遥相对。花鸟岛形如展翅欲飞的海鸥，岛上花草丛生，林壑秀美，故得名花鸟岛。由于岛上终年云雾缭绕，故又名雾岛。

花鸟乡境辖花鸟山及其周围11个岛屿，除花鸟山外，其余均为无人岛屿。陆地面积4平方公里，环岛海岸线长17.16公里。一乡一社区建制，有花鸟村、灯塔村2个自然村，共540人（据2017年统计）。岛上建有远东第一灯塔——

花鸟灯塔，属全国重点文物保护单位。

【民居选介】

1. 赵宅

赵宅位于灯塔村大坑，建于清代晚期，坐东北朝西南，占地面积约 250 平方米。赵宅由正间和东厢房组成，正间青瓦硬山顶，前屋面开天窗，明间穿斗式梁架，进深八柱八檩，梁架木构简朴，檐柱下垫鼓形石柱础，柱础表面浮雕覆盆状莲花纹，廊下石板拼铺，由石条垒成六级踏跺；东西次间后山墙

赵 宅

各开门。东厢房屋顶与正间左库头相交，青瓦硬山顶，通面阔三间，穿斗式梁架。整个建筑山墙大部分由不规则的石块垒砌，外表朴素。

2. 马力斯避暑房

马力斯避暑房位于连心路 45—47 号，坐东南朝西北，占地面积 200 平方米。建于清同治九年（1870）左右，与花鸟灯塔为同一时代建筑。该建筑面阔五间，分别设有休息厅、茶室、卧室、储藏室等，主体由大块的沉积岩石垒砌，并由水泥填缝，屋顶钢筋水泥整体浇铸成平面。明间面积最为空阔，前立面开两扇木门，明间右侧只有一次间，左侧三间，左尽间前立面向前突出，使建筑整体平面呈"L"形。每间后山墙上都开有一玻璃铁棂窗，便于南向采光。

1870 年花鸟灯塔建成，由英国人马力斯负责管理。由于灯塔经常要补给粮食等物资，故在花鸟村中心建房，以便马力斯住宿、休息。每逢盛夏有在沪英国人前来岛上避暑。1943 年日本人接管灯塔，此房闲置。1950 年舟山解放后驻军将尖顶拆除，改为营房。马力斯避暑房是全国文物保护单位花鸟灯塔的配套设施建筑，为研究花鸟灯塔的建造历史和我国早期对外通商情况以及研究英、日侵华史等具有一定的参考价值。

【人文古迹】

1. 花鸟灯塔

花鸟灯塔位于花鸟山西北角山嘴上，是一座位于中国舟山群岛最北端、长江口至太平洋航线上的特大型灯塔。

花鸟灯塔始建于清同治九年。清朝末年，上海、宁波以及长江内河港

花鸟灯塔

口相继开埠，它们到日本以及太平洋的航线也日益繁忙。花鸟岛正处在这些航线的必经之地，而且附近岛礁极多。当时清海关海务科筹划设立的第一批灯塔中便有花鸟岛灯塔。最终花鸟灯塔由英国出资，从上海招来劳工建造，于1870年建成。此后灯塔也由英国管理，1916年进行了重修。太平洋战争爆发后的1943年，日本接管了灯塔，国民政府曾派飞机轰炸，但损伤极轻微。1950年灯塔被中国人民解放军接管。现归上海海事局管理。

灯塔下部白色，混凝土砖石结构，上部黑色，材料主要是铁板。灯塔内部分四层楼面。塔顶为铜铸圆顶，装风向板。顶层使用巨大的玻璃作为墙体，安装有光源。其下一层有外置廊台，可凭栏远眺。灯塔周围还有无线电铁塔、发电房、机房、仓库、宿舍、码头等附属设施，整体占地约2.2万平方米，建筑和装饰均属欧式风格。

灯塔的导航方式非常齐全，有光波、电波和声波等，可为不同距离的船只提供不同的导航手段。聚光灯安装在灯塔顶层中央，采用2千瓦卤素灯，周围置四面透镜和旋转机组，每分钟旋转一圈，使聚光灯同时射出四道光线，射程为24海里。灯塔周边建有两座无线电铁塔，提供的无线电远距导航方式可每15分钟向船只呼号一次，报告船所在的经纬度。雾天时灯塔还提供近距离声波导航，每80秒连续鸣笛2次，每次声长1.5秒，声音传播范围

4 海里以内，是中国传音最远的气雾喇叭，当地俗称"老黄牛"叫。

花鸟灯塔集中体现了 19 世纪末世界上最先进的航标科技水平，并且随着科技的进步，不断更新，是中国沿海数百座灯塔中规模最大、功能最齐全、设备最先进、历史最悠久的一座，在世界上也位居前列，素有"远东第一灯塔"之誉，是远东和中国沿线南北航线进入上海港的重要航行标志。

2001 年被国务院列入第五批全国重点文物保护单位。

2. 天后宫

天后宫地处灯塔村庙冲，为清末建筑，坐北朝南，占地 75 平方米。天后宫由正殿和围墙构成天井，砖木结构，清水山墙硬山顶，上盖小青瓦，面阔三间，穿斗式梁架，柱间通阔无隔断，后金檩下建落地神龛，通面阔 8.52 米，通进深 5.4 米。

第二章 自然生态村落

生态村提供的是一个将社会与自然环境和解，走向可再生的未来社区构想。因此它所关注的不再仅仅是"生态"，而是通过一种全系统路径下的各类资源重组与融合，在传统与现代的交叉中找到新的生活方式。生态化乡村以自然为师，是集乡村风貌与自然生态于一体，传承和创新相结合的村落。

第一节 定海区

一、盐仓街道叉河村

【概况】

叉河村地处盐仓街道东北端，与马岙街道、城东街道相邻。三面环山，山水沿各路小溪汇入宽阔的叉河水库，环境安静而优美。据史书记载，唐朝时定海城的原址选定在叉河，因叉河土轻（地基不硬），而移到镇鳌山下。叉河通称"菜岙"，盖因这里土肥水丰，利于蔬菜种植，历来是定海城区的重要蔬菜供应地。沿水库四周，都是农田，现在更有许多蔬菜大棚及农科所的种苗培育大棚绵延其间。村内有刘家祠堂、百年古树等历史文化遗迹，还有采茶场、开心农场、鱼塘拾趣等休闲旅游基地。

【自然景观】

虹桥水库

虹桥水库位于叉河社区叉河上，东距定海城区约5公里，流域面积13.4平方公里，总库容1438万立方米（水位37.61米），正常库容1015万立方米（水位33.65米），属Ⅲ级工程。水库由大坝、溢洪道、输水隧洞等建筑物组成。水库南北长东西短，最南侧堤坝长267.5米，上部宽7.2米，水库西侧建有公路，水库岸线较曲折，西侧沿线多民居。

工程于 1977 年 10 月开始兴建，1981 年 6 月大坝竣工。1984 年 11 月通过竣工验收。据对 1981 年 8 月以来的实际供水量统计分析，目前虹桥水库的工程任务是以城镇供水、灌溉防洪为主，

虹桥水库

该水库是舟山城市供水最主要的骨干调节水库，灌溉农田 0.5 万亩。

【民居选介】

1. 刘家老宅

刘家老宅位于刘家堂 56—61 号，据房主介绍已有近 200 年历史。坐东北朝西南，原为四合院落，现存正屋、厢房和台门等，建筑面积约 493 平方米。正屋五间，通面阔 26.38 米，通进深 7.9 米，五柱五檩穿斗式，柱间用木板隔断，地面平铺石板。单檐硬山顶，覆盖小青瓦。两侧厢房三间均通面阔 10.8 米，通进深 5.75 米，穿斗抬梁结合式。回廊平铺石板。台门与东厢房相接，木构件雕饰比较精美，山墙石窗花形态各异。

2. 谢家老宅

谢家老宅位于明胜四路 18 号，约 160 年历史。坐东北朝西南，由正屋、厢房和台门等组成院落，建筑面积约为 609 平方米。正屋分五间，通面阔 17.94 米，通进深 7.42 米；东厢房现仅存两间，通面阔 17.94 米，通进深 7.42 米；西厢房分四间，通面阔 17.02 米，通进深 8.97 米。正屋、厢房的梁架结构均为穿斗式，五柱五檩；室内原为夯土，现部分水泥硬化；屋顶均为硬山顶，覆盖小青瓦；天井水泥地。台门穿斗式梁架，两侧用青砖、石块砌筑，中开木门。

【人文古迹】

1. 甩龙桥

甩龙桥位于长春礼堂边 29 号北侧约 250 米处。据当地居民介绍，此桥

原为石板桥，始建年代不详，约在 70 年前石板桥完全毁坏，改建为单孔石拱桥。

叉河甩龙桥横跨于村北的一条小河上，南北走向，桥券用石块砌筑，桥面用小石块铺设。桥面厚 0.42 米，矢高 2.21 米，

甩龙桥

净跨 3 米。该桥是定海区域保存较完整的一处乱石拱桥，有一定的文物保护价值。

2. 干氏祠堂

长春干氏祠堂位于南洞坑 18—20 号，据干氏族人介绍，此祠堂建于清中晚期。坐东北朝西南，只有一进正屋，建筑面积约为 180 平方米。祠堂分五间，单檐硬山顶，盖小青瓦，穿斗式梁架，用六柱六檩。通面阔 20.05 米，通进深 9.02 米，供龛设于东次间，供龛内悬挂有清咸丰三年（1853）"贞孝"匾额。山墙青砖、石块砌筑，檐前有庭院，中设花坛。

3. 刘氏宗祠

刘氏宗祠位于刘家堂 33 号，据当地居民介绍，为清末建筑。坐北朝南，由穿堂和祠堂组成，建筑面积约为 244 平方米。穿堂分三间，通面阔 13.36 米，通进深 7.77 米，明次间均穿斗式，用五檩。穿堂前约 3 米处东西向排列两口井。正堂三间，通面阔 13.36 米，通进深 10.5 米，明间五架梁带前后单步，次间穿斗式，用七檩，硬山顶，屋面盖小青瓦，挑尖梁雕刻精美；前后堂间为天井，围墙相连，天井中央用石板铺设，穿堂北面围墙两侧各有一侧门通向小弄。

"贞孝"匾额

二、干𥐀镇新建社区

【概况】

新建社区位于干𥐀镇西北，居山坳腹地，地势低凹，三面环山，由黄沙、南洞、里陈三个自然村组成，社区与朝阳相接，紧邻白泉，南面通往定海，北面通往西码头。社区成立于 2004 年 12 月，总面积 4.5 平方公里，耕地面

南洞村

积 1157 亩，山林面积 8700 亩。共有农户 578 户，人口 1563 人。

近年来，新建社区抢抓定海在新区发展中的新机遇，相继与中国美院、华侨大学、浙江工业大学等 27 所院校建立了紧密的合作关系，深入挖掘海岛特有的自然景观，打造以民俗、民情、生态为内容，以全国艺术院校大学生实习采风基地、创意壁画村、艺术培训创作基地等为特色的南洞艺谷，建成了火车休闲广场、渔人码头、明清仿古老街等于一体的南洞旅游文化景观区，成为省内著名的有文化艺术内涵的生态休闲村。2016 年创建了省级生态旅游示范区，2017 年获评国家 3A 级旅游景区。

【自然景观】

南洞水库

水库集雨面积 2.3 平方公里，引水面积 1.8 平方公里。坝高 29 米，相应坝顶高程 81.75 米，水库总库容 185.4 万立方米，相应水位 80.72 米，设计洪水位 80.28 米，

南洞水库

正常库容 160.5 万立方米，相应水位 78.95 米，死库容 0.96 万立方米，相应水位 57.45 米。水库是一座以饮用水兼灌溉为主的小型水库。

水库于 1958 年 11 月开工，1959 年冬停工，1965 年续建，第一次坝高 22 米，正常库容 101 万立方米。1973 年扩建加固，将原侧堰式溢洪道、20 年一遇设计改为宽浅式溢洪道和 50 年一遇设计，拆除漏水严重的老涵管，新开隧洞输水。2006 年度对水库进行除险加固：坝坡放缓，增加垫层和反滤层；放水隧洞衬砌，溢洪道及尾水渠修整，新建坝体测压管，新建副坝背水坡贴坡反滤，引水渠及上坝公路重建。

【人文景观】

南洞艺谷

南洞艺谷又称太阳谷，是中国戏剧基地、全国艺术院校实习基地、全国中小学教育体验基地、全国中老年休闲养生基地。南洞艺谷坐落在黄沙、里陈和南洞三个村子交界处，景区名片是一辆怀旧的绿皮火车和当地人称为"墙壁画画"的民居。

太阳谷共分为：艺术家景观园、民居客栈、渔人码头、海盗城、木质渔船博览馆、"功勋号"列车公园、趣味农业区、国际壁画村、

"功勋号"列车

明清老街、艺术中心、明清民俗村等部分。集休闲、度假、科学实验、大学生实习采风基地、赏景、购物为一体。

三、册子岛册北社区

【概况】

册子以岛建乡。1988 年，全乡下辖 6 个行政村、1 个渔业生产合作社。总户数 1801 户，总人口 4440 人。2005 年，大晒网村与北岙村、双螺村合并建立册北社区。2013 年，取消册子乡，与岑港镇合并为岑港街道。

册北群山蜿蜒起伏，山中广福寺历史久远，海中菜花山灯塔光照四方……"一桥飞架东西，天堑变通途"，册子岛已和本岛连为一体。利用大桥效应，册北已着手发掘本地自然人文资源，发挥本地产业优势，打造生态休闲度假区。

【自然生态】

册子岛面积不大，历史却很悠久。岛中的凤凰山两边是南岙和北岙两大平畈，形似一本翻开的书册，册子因此而得名。清光绪《定海厅志》更有"册子自宋以来，居山者以耕凿为主，濒海者以渔捞为业，至老不识乎城市。环带大海，四时多风，夏秋尤多飓风"等记述。册子岛自然风景秀丽，流传着许多美丽的传说，月照镜、龙潭金毛笋、龙潭祭龙等传说，至今脍炙人口，广为流传。

册子的海洋渔农业生产历史悠久，长期以来渔民们创造了丰富多彩的渔业文化，如海洋渔具的历史演变，各种时期的渔船，别具一格的船饰文化，海鲜饮食文化，婚俗文化等。册北通过对这些渔业文化的整理组合，赢得了长江三角洲旅游市场的青睐。另外，中科院与浙江海洋大学院的"国家863计划"——深水网箱养殖基地落户册南，建立深水网箱养殖名贵鱼种，这也是拓展册北旅游空间的机会。

【人文古迹】

1. 广福禅寺

广福禅寺，位于册子乡北岙村稷岙山麓，始建于宋治平二年（1065），初赐名"寿圣"。政和三年（1113）被海盗占据，此后香火冷落，寺宇经年失修，破败不堪。淳祐二年（1242），广东、福建的渔民在册子洋面遇难，获救后，以为菩萨保佑，捐资修建寺宇，并更名为"广福院"。至咸淳六年（1270），有常住田424亩、山998亩。元大德《昌国州图志》载：时有常住田739亩、地85亩、山1059亩。

明洪武十九年（1386），朝廷下令，迁舟山46岛居民入内陆，册子岛人悉数内迁，广福院随之被废弃。此后，海盗横行，寺宇成了海盗的临时巢穴。嘉靖年间（1522—1566）册子岛上倭寇、海盗活动频繁。

清康熙二十二年（1683）十月，朝廷颁"展海令"，召民开发舟山岛，册子岛居民渐渐多起来。乾隆十九年（1754），信众集资重建广福院。当时寺前有一大溪潭，常现带状云雾，缭绕半山，形如小白龙，故更名为"白云寺"。光绪元年（1875），福建渔民到册子洋捕鱼，见寺宇更名，以为不妥，并捐资扩建，复名为广福禅寺。从此，香火盛旺。先后有僧厚德、厚祥主持，时有常住田四五十亩。民国时期，广福寺是今定海区较大的寺院之一。

1950年后，寺院改作他用。1994年起，善男信女筹资重建，经普陀山妙善大和尚同意，请大乘禅院副当家光定到广福寺任监院。1996年8月，经定海区人民政府批准为开放寺院。全寺现有建筑面积1400多平方米，占地2600多平方米。

2. 大晒网隧道

大晒网隧道位于大晒网岭下，建于1969年，由当地居民为方便交通自行开凿，呈东南—西北走向，截面拱形，总长约350米，平均宽约4米，高约3.5米，隧道内路面宽约2.6米，水泥浇筑。路两侧局部有排水沟，不连贯，内壁未作处理，岩石自然裸露，凹凸不平。

大晒网隧道

此隧道虽然没有统一的施工标准，外观也远不如现代化机械作业建设的隧道那样规整，却是当地渔农民艰苦奋斗的结晶，是特殊历史时期劳动人民自力更生优良作风的真实写照，有其特定的意义与价值。

3. 大菜花山灯塔

大菜花山灯塔位于册北社区东北侧大菜花山岛东北角，1927年由宁波象山任筱和、任筱孚兄弟募资始建，顺山势呈西南—东北走向，占地面积745平方米。灯塔建在大菜花山岛一个入海的岬角上，由一座主灯塔和生活用房、发电房、蓄水池等附属设施组成。

主灯塔为独立塔身，主体用白色定型石垒筑成圆锥形。塔通高10.65米，

大菜花山灯塔

直径约 2.5 米。内置螺旋形石阶梯，迂回至塔顶。灯塔基座覆盆形，外刷黑色油漆，塔身外表白色。塔顶为钟形圆柱灯笼，由宁波镇海港区建设时拆除的虎蹲山灯塔拆建而来。笼壁下部水泥墙，上部立八扇玻璃窗，外为圆环形带白色铁栏杆回廊，笼顶为黑色水泥穹顶，顶正中立风向标与避雷针等。

大菜花山灯塔是识别西堠门水道的重要导标，为驶经灰鳖洋的船舶导航，对研究浙东地区航运史、灯塔建筑艺术有一定意义。

第二节　普陀区

四、桃花镇大石头村

【概况】

大石头村是桃花镇 19 个村委会（公前、茅山、沙岙、稻蓬、客浦、大石头、盐厂、连治山、后沙头、鹁鸪门、悬鹁鸪、庵跟、龙头坑、米鱼洋、乌石子、龙洞、水坑、磨盘、下长坑）之一。村得名于村山上的一块巨石——大佛岩。村里有 650 亩耕地、180 亩围塘、1467 亩林地和 13 艘小型渔船。常住居民 750 多人。大石头村三面环山，一面临海，自然风貌与人文景观相得益彰，胜似远离喧嚣的"桃花源"。

【自然景观】

1. 大佛岩

大佛岩位于岛西北部，是桃花岛的标志。大佛岩中间有一天然石洞叫清音洞，相传是秦汉间隐士安期生在岛上修道炼丹的居所，也是金庸名著《射雕英雄传》中桃花岛主黄药师囚禁老顽童周伯

大佛岩

通的地方。大佛岩下方还有一个比清音洞大数倍的天然石洞。明末清初，当地百姓在该洞内建造顶首庵，供奉观音菩萨及膜拜安期圣人。1996年，当地民众自发在原庵址下方约50米处新建一座庵院，供奉白玉观音坐像。登上大佛岩顶，极目远眺，舟山群岛恰似水上盆景园，另有一番诗情画意。

2. 安期峰

安期峰位于桃花岛东南部，有南北两条登山道，北山道随势起步，沿溪筑道，绿树荫蔽，盛夏的最高温度不超过28℃。安期峰海拔539.7米，是舟山群岛最高峰，誉为"千岛第一峰"。

安期峰

炼丹洞

3. 古树名木

大石头村的200多幢民房呈"U"字形依山而建。屋舍前后左右有200余棵百年古木，数十口四角、六角、八角古井。稍显陈旧的石头房与崭新的民房，古井和大埋石护砖，古树与水泥村道，古今融合，隐藏在万顷绿荫下，犹如时空交错，显得格外恬静、和谐、壮美。

【人文古迹】

圣岩寺

圣岩寺创建于清同治四年(1865)，初为

一天然洞穴。传说安
期生曾居洞炼丹，故
称炼丹洞。1986 年在
洞下方重修观音殿、
大雄宝殿等，殿宇三
进 20 余间，并建放
生池。全国佛教协会
主席赵朴初题"圣岩

圣岩寺

寺"匾额。洞旁石壁上有"海岛第一山""三春道场""白云山上仙佛在，
众家弟子拜上来"等题刻。洞旁有碧潭一泓，潭水清凉无比，常年不涸，
被称为"圣水"，据传有奇妙的医疗作用，安期生曾用此水炼丹。

五、六横镇杜庄村

【概况】

杜庄原名涂庄，以在海涂上建村而得名；"涂""杜"谐音，故称杜
庄。① 2009 年 1 月，分设杜庄、贺家 2 个经济合作社，全村 396 户，1230 人。
杜庄以绿化闻名，为省级"绿化示范村"，区域内尚有一片古木林。人文
古迹有庄公庙、"闽山古迹"摩崖石刻等。

【自然景观】

古木林

杜庄古木林覆盖面积达 6000 平方米，以黄连树、沙朴树、樟树为主，
树龄多在 250 年以上；树干圆周粗达 3~4 米，树冠高 20 余米；被列为区级
黄连木保护林。

【人文古迹】

1. 庄公庙

庄公庙位于庙后背 1—32 号，坐西朝东。据《六横镇志》记载建于清
咸丰四年（1854），占地面积 525 平方米。整体由门厅、大殿、两边厢房及
戏台组成四合院落。大殿通面阔五间，六檩，设前廊，明间五架梁上用两

---

① 《六横镇志》编纂委员会《六横镇志》，中国文史出版社，2018 年版，第 63 页。

庄公庙

月梁承托吊篮状脊垂柱,南北次、梢间穿斗式,单檐硬山顶,阴阳小青瓦。戏台呈长方形,四柱落地,其中后两根柱用前殿后檐柱代替,前两根用石方柱,前后面平身科各4攒,左右面平身科各5攒,五踩重翘计心造。现为县(区)级文物保护单位。

2. "闽山古迹"摩崖石刻

"闽山古迹"摩崖石刻位于半塘22号东北面约30米金寺山咀,坐东南朝西北,刻于清道光年间,分布面积1平方米。整块石刻在高3米,宽5米,离地面10米左右的岩石上,阴刻繁体"闽山古迹"四个大字,每字宽约0.3米,左边落款直刻小字两行,总共12字:"浙江督学使书,福州廖鸿荃题"。

廖鸿荃(1778—1864),字应礼,号钰夫。祖籍将乐县,清嘉庆十四年(1809)进士第二。授编修,累升至工部尚书、经筵讲官,赐紫禁城骑马。道光元年(1821)八月,典试陕甘。生平总裁会试一次,典乡试、分校京兆试各三次,参与朝考阅卷,殿试读卷,又督学江苏、浙江等省,可谓"门生半天下"。朝廷以其谨慎可任大事,重要水利工程皆命鸿荃督办。

自明代起浙江

"闽山古迹"摩崖石刻

沿海一带许多武装商人多为闽人，著名的双屿港海商大头目李光头、许二等也均为闽人。当时六横岛本地居民不多，福建渔民来舟山海域捕鱼，因避风、停泊之需，在六横岛上自行围垦，并筑有一条海塘。所以杜庄可能长期为闽人所有，渐而发展成为较大的村落，以至于廖鸿荃在视查时也把杜庄当成闽地。"闽山古迹"摩崖石刻是浙闽渔民共同开发六横岛的实物见证。

六、六横镇悬山社区

【概况】

悬山社区位于六横岛的东面约700米处，西北—东南走向，长近8公里，最宽处约2公里，陆地面积6.94平方公里，是个长形小岛。悬山社区下辖大鱼厂、马跳头、杨柳坑等三个股份经济合作社（有14个自然岙，其中4个已无人居住）。全村现有在册总户数935户，总人口2996人。现常住本岛约600人（大多数为老年人）。社区驻地六横台门镇府南路11号。悬山岛自然风光优美，是海岛生态旅游的理想场所。岛北马跳头村落依然保留着葛氏等民居，阡陌交通，炊烟袅袅，依稀可见昔日繁华的景象。

铜锣甩断崩石阶

【自然景观】

悬山岛森林覆盖率高，各种野生植物繁多，许多植物是海岛特有品种，如舟山市树"舟山新木姜子"是国家二级保护植物，还有野生水仙花、茶花等。岛上许多地方人迹罕见，原始植被保护完好，给人以一种"回归自然"的感觉。

悬山岛自然风景秀丽独特。海岸曲折，绝壁高耸，怪礁林立，岩洞遍布，海滩众多，绿树成荫。因山体起伏曲折，行走百步，所见殊异，可谓"百步一景"。其主要景观有："断崩"绝壁、碧海金沙、半山新月、石岙听潮、半山绝壁观海涛、大锄崖上盼归石、遥望铁凳山、碧海观日出。还有乌龟出海、蛟龙出洞、佛卧波涛、三礁印月、一柱擎天、龟守龙座、青龙吐珠、岩洞探幽等等。

【民居选介】

葛氏民居

葛氏民居位于马跳头村马跳头路 257 号，建于 1918 年。由前屋、正屋、厢房等构成四合院落，坐北朝南，总占地面积约 400 平方米。前屋面阔七间，进深五檩五柱，穿斗式梁架，单檐硬山顶；正屋面阔七间，进深五檩五柱，穿斗式梁架，前立面木板墙裙，单檐硬山顶，屋面盖小青瓦，前廊下檐口石板铺设；两边厢房各三间，五檩五柱，穿斗式梁架。

七、登步岛大岙社区

【概况】

大岙社区位于登步岛东南面，下辖登步、石弄塘两个经济合作社，辖区面积 5.08 平方公里。现有 586 户，户籍人口 1643 人，常住人口约 580 人。"东洋黄金瓜""乒乓球杨梅"和"活养梭子蟹"是绿色登步的三大业态。

【绿色生态】

1. 黄金瓜种植业

登步黄金瓜又名"东洋黄金瓜"，因其个头小，每只重量一般只有 120 克，因而得名。据考查，登步岛黄金瓜从清咸丰年间开始种植，一直延续至今，已有 130 余年的栽种历史。特点是，色泽深黄，外表光滑，香气浓郁，其味甜而鲜。近年来随着市场需求量的增加，不仅岛上农民争相栽种，就连桃花等地的外岛农民也纷纷上岛求讨瓜种。但稀奇的是，别地方种出的瓜，

登步黄金瓜

都远不及岛上田厂、永安两地的瓜香甜。登步黄金瓜的产量很高，管理得好，亩产最高可达 3000 公斤。

2004 年 2 月，普陀区工商分局将从事登步黄金瓜种植、经营的农民散户组织起来，成立了登步黄金瓜种植协会。2005 年 3 月又注册了商标，统一设计制作包装箱，统一使用注册商标，提高登步黄金瓜的知名度。它是继"普陀水仙""普陀佛茶"后新一张特色农副产品地理标志证明的商标金名片。

2. 杨梅种植业

登步土壤有机物质含量高，年降雨量和温度等都适合杨梅树生长。2008 年， 浙江仙璟梅林果业有限公司引种 2 万株东魁杨梅树，并与政府签订了登步千亩杨梅基地合作协议。

登步东魁杨梅坚持走绿色有机种植之路，不用化肥，不喷农药，只施用草木灰等有机肥料。采用罗幔杨梅技术，实现物理防果蝇、防农药、防高温、防台风。罗幔杨梅技术，形象点说，就是在杨梅成熟前给每株杨梅树搭帐篷、罩罗帐。使用这一技术可以最大程度保证杨梅达到无毒、无激素、无污染的绿色有机果品标准，而且罗帐里的杨梅颜色更艳、含糖度更高、品质更好。

登步东魁杨梅果形特大，又被称作"乒乓球杨梅"，相比晚稻杨梅，其最大的特点在于果期长。舟山晚稻杨梅成熟时间在 6 月底至 7 月初，但登步东魁杨梅成熟时间从 6 月 25 日一直持续至 7 月 15 日左右，比晚稻杨梅晚 10 天左右。换句话说就是其他品种杨梅下架了，东魁杨梅才刚刚上市。这也是东魁杨梅的竞争优势之一。

3. 围塘养殖业

登步有围塘养殖总面积 4000 亩，2006 年起，登步先后投入改造资金 500 余万元，完成省级标准化围塘改造 2496 亩，占全乡围塘面积 70% 以上。围塘养殖除南美对虾养殖、贝类与虾类混养外，重点养殖梭子蟹。2008 年，登步每亩梭子蟹的养殖产量为 45 公斤左右，亩产值 4000 余元；2009 年，亩产量达 60 斤左右，亩产值 1 万元。为整合资源，形成规模化养殖基地，梭子蟹养殖户们还成立了养殖专业合作社，通过引进先进技术、改良育苗方法、集中性预防疾病等举措，围塘养殖由松散经营变为规模经营，普及围塘养殖模式，提高养殖技术，为渔农民转产转业创造了新路子。目前，登步共有 180 人从事围塘养殖。

八、蚂蚁岛乡蚂蚁岛村

【概况】

蚂蚁岛由大小四个岛屿组成，陆域面积 2.84 平方公里，人口 3958 人，为一乡一社区（村）五个经济合作社组织体制。

蚂蚁岛

1952 年，舟山第一个渔业生产互助组在蚂蚁岛成立，人民公社的雏形由此产生。1958 年 9 月，蚂蚁岛建立起全国第一个渔业人民公社——蚂蚁岛人民公社。从此，蚂蚁岛成为全国农村艰苦创业的典范，是中国渔业战线的一面旗帜。"把蚂蚁岛人民公社红旗插遍全国渔区"的号召，让小小蚂蚁岛在 20 世纪五六十年代名噪一时，获得周总理签发的国务院奖状——"全国农村社会主义建设先进单位"，刘少奇、李维汉、许世友等众多中央领导人曾亲临视察。

蚂蚁岛人民公社

【绿色生态】

蚂蚁岛森林覆盖率为 46.4%，绿化面积达 60%。岛上庭院绿化的花草树木，品种多达 300 种之多，空气清新，环境整洁，是一座名副其实的绿岛。

蚂蚁岛人民公社旧址

蚂蚁岛人民公社位于长沙塘路 161 弄 2 号，建于 1956 年。坐西朝东，占地面积 442 平方米。瓦房面阔七间，通进深 9.15 米，单檐硬山顶，屋面盖小青瓦，内部梁架均为人字形木结构。南面山墙中间设二扇木头玻璃大门，大门两侧各砌一根方形砖椅柱，门额上题刻"人民公社"四个大字和一颗五角星。北面山墙之间设一扇木板大门，明间东面檐下设四扇木头玻璃大门。入口处立一碑，碑文"蚂蚁岛人民公社旧址"由原舟山地委书记王裕民题写。现为县（区）级文物保护单位。

九、朱家尖街道樟州村

【概况】

樟州村辖里乌龟门、小烂头、里樟州、外樟州等四个村落居民点。有林业用地 1530 亩，茶叶 34 亩，水果 17 亩。南面为樟州港，西部有鹅卵石形成的天然海塘——乌石塘，东南海岸有小沙滩数处。原"有 5 个自然村，305 户，1087 人"。①

朱家尖乌石塘

【自然景观】

乌石塘

乌石塘长约 500 米，宽约 50 米，高约 5 米。这条横卧着的海塘全由乌黑发亮的鹅卵石自然依坡垒积而成，气势庞大，蔚为壮观。卵石花纹斑斓，光洁可爱，小如珠玑，大似鹅卵，可与南京雨花石和三峡五彩石媲美。元朝的《昌国州图志》有记载："乌石塘，在马秦，绵亘百余丈，高可五丈许，枕海之滨，

---

① 普陀县地名办公室编《浙江普陀县地名志》（内部发行），1986 年，第 75 页。

表里皆青圆石子，如龙之鳞甲……"

樟州湾的南岸，分布着很多礁石。礁石形状奇特，犹如龙眼、龙嘴。龙嘴旁有一石隙，当地渔民称其为龙之洞。每当台风将临，此洞会发出巨大的轰鸣声，声响可远传十里之外。此时的乌石塘里，依水斜垒的乌石也会一反常态，皱叠起一道道竖沟。渔民称是小乌龙在预报台风即将到来的信息，呼唤出海打鱼的渔民快快回港。

乌石塘何以如此灵验？相传它是乌龙的化身。原来东海龙王的三太子，生得一身乌黑，顽皮而聪颖，深得父母的宠爱。一天，它耐不住龙宫的寂寞，独自离开龙宫到东海大洋遨游去了。正玩得兴起，不料遇到了一群鲨鱼精。鲨鱼精们曾听说吃了龙肉，可以成仙，所以一见小乌龙，就相约咧嘴向小乌龙猛扑。小乌龙寡不敌众，斗得筋疲力尽，遍体鳞伤，节节向莲花洋败退，鲨鱼穷追不舍。在这千钧一发之际，被正在捕鱼的朱家尖渔民发现。众渔民奋勇将小乌龙救至樟州湾内，又精心为小乌龙疗伤。从此小乌龙与朱家尖渔民结下了深厚的友情。伤好后，为报答救命之恩，小乌龙情愿留在樟州湾，立志守护海塘，造福朱家尖百姓。从此小乌龙就横卧在樟州湾沿岸，年长月久，片片龙鳞也就化作了乌石子。它日夜注视着大海的变化，一旦大风将至，它就抖动龙鳞，并高声鸣叫，警告渔民别出海，快回港。台风来时，浊浪排空，它就用身躯挡住惊涛骇浪，保护朱家尖一方百姓免遭灾难。清朝文学家朱绪曾有诗赞曰："塔飞僧化岂荒唐，风雨俄惊涌石塘。天敕乌龙飞不去，免教此地变沧桑。"

其实，这乌石塘是一条凭自然力量垒成的海塘。樟州湾纵深约3公里，宽约1公里，湾内水深0.5～10米，从岸边至湾口渐远渐深。港湾两边的山体有三种岩石，即灰绿岩、安山纷岩和花岗岩。大海的波涛以其巨大的冲击力，常年累月地扑击崖岩。崖岩不断地破裂成大小不等的石块跌落海湾，被涌浪潮汐反复地翻滚淘洗，折腾打磨，渐渐地磨炼成了一颗颗乌黑发亮的鹅卵石，而海浪又把这些卵石推向海岸。经过百千万年的累积，一条乌黑发亮的石塘出现在樟州湾沿岸了。在乌石塘鹅卵石中灰绿岩占80%，安山纷岩占15%，花岗岩占5%，这与大山南部、中部和北部的岩石分布比例相吻合。

每当月明之夜，澄碧的樟州湾波光闪烁，犹如无数蓝精灵在海面上跳跃。月光下，海潮披着银甲"前赴后继"地拍击海滩，奏起"沙……啦啦……沙……啦啦……"的声响，恰如天籁梵音。此时，游人若躺在清凉光洁的砥石上望明月，听潮音，遐思油然，恍入幻境。人们称此景为"乌塘潮音"。当然能聆听"乌塘潮音"奇响的并非仅在月明的夜晚，只不过白天难以那么入神而已。据说当地渔农民能从这潮音中辨认风力的大小或天气的变幻。也有人说，如你能净心地细细听来，还可闻得丝丝然如古筝的妙响！传说这是小乌龙与鲟鱼姑娘在月下窃窃私语，所以又有人美其名曰"乌塘情声"。

【生态村落】

三生村庄

樟州生态村落的定位为"海上莲花、渔村樟州"，以"渔俗、文创、色彩、记忆"为主题与发展方向，打造一个有生产、生活、生态的"三生"村庄。

三生村庄以"两轴、一心、七区"为主线。"两轴"包括渔村艺术轴和工业观光轴。渔村艺术轴即村庄主要交通干道，利用沿线两侧建筑，形成空间变化丰富的文创艺术街；工业观光轴则是沿海岸线，

樟州湾西岸

利用现有修船厂、制冰厂、仓库等渔业生产元素，形成渔业生产观光体验的天然场所。"一心"即渔村文化展示中心，就是在保留广场晒补渔网功能的基础上，为建筑置入村史馆的功能，展现特有的渔村文化。"七区"包括入口服务区、渔业生产区、渔村山地民宿区、信仰祈福区、山林赏景区、听涛踩沙区和乌龟山景区等。景观带主要包括沿村庄主要道路的山地渔村风光景观带、沿海岸码头的渔村海湾生产景观带、沿山体形态的原生态滨

海风光景观带三条景观带。景观节点分布于这三条景观带上，分为山地景观点、渔村生产景观点、山林沙滩景观点等。

十、朱家尖街道筲箕湾村

【概况】

筲箕湾村位于国家公园大青山西麓山脚，三面环山，是一处天然的港湾，南北宽约 330 米，纵深 1500 米。因地形酷似渔家淘米用的筲箕，故而得名。村民 576 人，为浙东沿海地区保存较为完整的原生态渔村。

【自然景观】

大青山

大青山矗立于朱家尖岛南端，与朱家尖大山南北并峙，海拔 378.6 米，为全岛最高峰。因主峰北有大、小四鼓坪(又称四顾坪、舒姑坪、水姑坪)，

朱家尖大青山国家公园

故当地群众习称此山为四鼓坪大山。其范围北起筲箕湾、青山岙连线，南至猫跳，界于乌沙门与狼湾海域之间。北坡有简易公路可直达山巅，有山间磴道交通老鹰岗、大马潭、四鼓坪、牛头山、猫跳、彭安，又有曲径沟通山上各主要景点。

大青山三面临海，岗峦依海起势，峰峦绵亘十余里，灵岩奇石计有 200 余处。因特殊的地理位置，山上常年云雾缠绕。南端向海伸突，犹如悬浮于乌沙门外洋，故又曰"乌沙悬山"。相传秦汉时安期生到东海求仙，曾往来于桃花岛和朱家尖之间，并一度在大青山居洞炼丹。主要景点有青山醉雾、石门头、云德泉、老虎岩、弥岩瀑布、抗倭石堡遗址、安期洞、歇轿岩、飞来石、风动石、莲花峰、喷水洞、青山角和两峰岛等。

筲箕湾村

【生态渔村】

筲箕湾

筲箕湾是一处天然的港湾，坐落于大青山西麓山脚，西临出入洋鞍渔场的乌沙门水道，三面环山，腹地平坦。筲箕湾渔村是朱家尖岛最早的海边人家安居之所，古代先民在这里驾船撒网、耕海牧鱼，逐渐形成朱家尖第一个自然渔村。渔村面朝东海，春暖花开，远远望去，一片原始风貌，透露着古朴的韵味。步入村中，可见溪水从渔村流过，渔家依水而居，安静的茅草屋，傍海而泊的渔船，浓浓的渔家风情在空气中弥漫着。

十一、朱家尖街道白沙港社区

【概况】

朱家尖街道白沙港社区于 2005 年 6 月由港里、小沙头、白沙三个村联建，位于舟山群岛东部，由白沙岛、柴山岛两个住人岛和 25 个无人岛礁组成，陆域面积 2.88 平方公里。西南与朱家尖、西北与普陀山隔海相望，并与洛迦山一衣带水。社区现有在册总户数 747 户，总人口 2710 人。

【天然钓岛】

白沙岛

白沙岛不仅有天然的专业海钓区，且建立了适合广大游客的休闲钓点，是专业海钓爱好者和休闲海钓活动者的乐园。岛礁区名贵鲷类、石斑鱼众多，是舟山群岛最佳的天然海钓示范区。白沙乡管辖的洋鞍渔场，鲷类、鲈类等可钓鱼种蕴藏量尤为丰富。

洋鞍列岛距白沙岛 11.5 公里，由东亭山（别名外洋鞍）和北亭山（别名里洋鞍）岛礁组成，两岛总面积 0.38 平方公里。因岛形似马鞍，屹立于东海大洋，故名。

白沙岛风俗浓郁，渔民纯朴好客，境内碧海绿岛，卵石砾滩兼具，蓝天秀水，奇山异石，美不胜收。是人们体验阳光、海风和渔民生活的最佳去处。

白沙岛

【生态渔村】

白沙岛民居

白沙岛环境舒适、气候宜人，据说 600 多年前就吸引着大陆渔民来此停留、修整、栖息。200 多年前，宁波渔民逐步规模化搬迁到白沙岛居住，打鱼为生，后形成村落。白沙村落根据舟山的海岛、海浪、气象等特性，大多一线面海、依山而建，布局合理，疏密有间。单体建筑大多南北走向，多年来形成了黑瓦、蓝窗、白墙、石基的主基调。远远看去，颇有地中海风情。农业部公布 2017 年休闲渔业品牌创建，白沙岛获评"全国精品休闲渔业示范基地"。

什么是休闲渔业？所谓休闲渔业，是将渔业捕捞、养殖生产与旅游观光、科普教育、文化传承、生态环保、餐饮住宿等产业深度融合，推动渔业发展转型升级。休闲渔业示范基地摘得

白沙岛民居

"国"字号，不仅提升了白沙岛休闲渔业的品牌及档次，促进了白沙岛休闲渔业产业健康发展，而且能为我市，乃至全国、全世界城乡居民及休闲渔业爱好者提供更为完善的休闲渔业服务。

第三节　岱山县

十二、衢山镇冷峙村

【概况】

冷峙古渔村地处衢山镇北部，距离衢山镇中心地段7公里。始建于清康熙十六年（1677），据传是明代吴三桂的眷属和官兵逃亡而来形成，村民以吴姓、刘姓和郑姓为主。冷峙村共有450户，1250人。村庄占地约400亩。村前为一片方圆数十平方公里的浅海沙滩。村民收入来源主要是养殖和捕捞沙虫、牡蛎、青蟹、文哈、对虾等海产品。

村庄树林清幽，礁石幻灭，海岛特色浓郁。岛上遗留铅锌矿矿井，是昔日舟山著名的铅锌矿山。传说矿石中含有黄金，偶有村民在溪坑中拾得"狗头金"的传闻，所以村中有"狗头颈（金）"地名。

【生态渔村】

冷峙东海风情古渔村是个纯渔业村，地处相对比较偏僻，但民风淳朴。站在通往冷峙村道路的山顶往下看，多气派的两湾金沙！这是一处长达4公里的"W"形大海湾，湾中间有个伸向海湾中心的长礁，叫"狗头颈"。"狗头颈"往外，有一个圆形的礁石独立于海中，叫"镬脐礁"。这个礁正处于两个海湾的中间，

冷峙海湾

酷似两条龙在戏抢的一颗明珠。这"狗头颈"与"镬脐礁"把大海湾分成两个曲率半径略大于半公里的分海湾。西北部较大的海湾，称"沙龙湾"，沙滩长 2.5 公里，宽约 120 米，沙滩面积约 0.3 平方公里，沙滩附近可利用面积 800 亩左右。沙滩西南面是东呑村，海湾叫"冷龙湾"，长 1.5 公里，宽 50 米，面积约 0.075 平方公里。因冷龙与沙龙对峙，故称冷峙。

冷峙依山面海，风景秀丽，附近海域内鱼类种群丰富，无论在哪里垂纶下钩，都会有不少收获。目前渔家乐项目开展的活动主要有拉网、垂钓、捕螃蟹等，是适合大众游玩的群众性海钓基地。2005 年，冷峙被浙江省评为"休闲渔业特色示范村"。

铅锌矿矿井遗址

【人文古迹】

铅锌矿矿井遗址

铅锌矿矿井遗址位于冷峙村墙门缺，1972 年筹建岱山县铅锌矿，1977 年 10 月试投产，至 1985 年共掘进巷道 3700 米，主要产品铅锌矿石，其中含铅量和含锌量分别为贫矿 15% 左右、富矿 50% 左右。通过卷扬机将矿石运送至矿石车，然后矿石车用人工沿着铁轨推至井外选矿。1991 年 7 月停产，井口也随之封闭。井口外径宽 3.85 米，井口直立墙体宽 0.6 米，上沿宽 0.35 米，井口高 2.7 米。

第四节　嵊泗县

十三、枸杞乡龙泉村

【概况】

龙泉村位于枸杞岛西南部。2005 年 6 月 28 日与干斜、里西联建成立龙泉社区，是贻贝养殖的重要基地。社区陆域面积约 2.5 平方公里，总人口 4366 人，1512 户。龙泉村自然生态优良，区域内有"山海奇观"等摩崖石刻，闻名遐迩。

龙泉村

【生态村落】

龙泉村青山叠翠，碧海怀抱。村落房屋错落有致，赭色屋顶在阳光下熠熠生辉，白色图案布满蓝色外墙，犹如星星点点的浪花在波涛中奔腾翻卷，又如曼妙的音符踏海归帆，被誉为"东方小希腊"。

"山海奇观"石刻

【人文景观】

1. "山海奇观"石刻

"山海奇观"石刻位于里西岗墩（五里碑）。岗巅有一巨石孤屹傲立，高 9 米，宽 7.3 米，坐西朝东，数十里外也可望见。巨石东壁镌刻"山海奇观"4 个擘窠大字。每字高 1.6 米，宽 1.3 米，分两行直书，为明万历十八年（1590）浙直总兵都督侯继高督汛至此所题。石碑下沿有一条天然"石凳"，可供游人憩足。前侧有一块平坦巨石，周围松林茂郁，环境清幽。碑顶可攀，登临之，山、礁、滩、云、天、海，尽收眼底，颇同曹公吟唱："东临碣石，以观沧海……"，心气轩宇，胸臆昂然。

2. 妈祖阁

妈祖阁离"山海奇观"石刻数步之遥。小庙简单古朴，大殿正中矗立着一尊女神像——妈祖。

妈祖,俗名林默,一名默娘,民间亲切地称她"姑妈""娘妈"或"妈祖"。福建莆田人。宋建隆元年(960)三月二十三日生于莆田县湄洲屿的一个仕宦家庭。生后直到满月,从未啼

妈祖阁

哭过,故被名为"默",又称"默娘"。其曾祖保吉,仕周,任统军兵马使,弃官,隐于湄洲。祖孚,承袭世勋,任福建总管。父愿,宋初官福建都巡检。默娘聪慧过人,8岁从塾师读书,就能解书中大意。稍长,好诵经礼佛。她精医术,常为人治病,教人防疫避灾,又熟悉水性。湄洲对岸有个地方叫作门夹(今忠门镇文甲村),海中礁石错杂,船只经过时常触礁遇难,赖她拯救,往往得以不沉,乡人感颂不已。

开宝八年(975),默娘16岁。一次,她随父兄坐船渡海。时风涛险恶,不幸船被巨浪掀翻。她赶紧背起父亲泅水到岸边,哥哥却被急流卷走。她又和母亲、嫂嫂驾船寻找,终于把尸体找回埋葬。因此,深受乡亲们的赞颂。雍熙四年(987)九月初九日,默娘和女伴登高赏景,在湄山之巅"升化"。里人以为神,遂立祠祀之,号为"通贤灵女"。

宣和四年(1122),给事中路允迪出使高丽(朝鲜),海上遇风,舟行安稳,认为是得到林默神灵保佑。奏闻,赐"顺济"庙额。绍兴二十一年(1151),莆田人黄公度遭贬,赴平海军(今泉州)任节度判官时,曾观瞻建在圣墩的顺济庙,题诗赞道:"枯木肇灵沧海东,参差宫殿崒晴空。平生不厌混巫媪,已死犹能效国功。万姓牲醪无水旱,四时歌舞走儿童。传闻利泽至今在,千里桅樯一信风。"南宋高宗、孝宗两朝,累封林默为"夫人"。光宗、宁宗两朝,累封为"妃"。开庆元年(1259),进封"显济妃"。元世祖、成宗、仁宗、文宗四朝,累封"天妃"。明洪武五年(1372),敕封"圣妃"。永乐七年(1409),加封"天妃",建庙于都城外,额为"弘仁普济天妃之宫"。

宣德五年至六年（1430—1431），遣官至湄屿致祭并修整庙宇。清康熙二十年（1681），晋封"天后"。

妈祖被崇奉为"海上平安保护神"，历史悠久，其信仰遍布世界各地。过去，嵊泗列岛几乎村村建有妈祖庙或天后宫。每当捕鱼季节，渔船出海在外时，渔家妇女都会去祭祀妈祖，祈求保佑家人在外捕鱼平安。

十四、枸杞乡庙干社区

【概况】

庙干社区位于枸杞乡东部，是枸杞—嵊山三礁港大桥的连接登陆点。社区成立于 2005 年 7 月，由庙干村、乌沙村两个行政村联建而成，区域面积约 1.3 平方公里，居民 525 户，总人口1389 人。社区内拥有百米沙滩众多，具备"碧海、金沙、阳光"三要素，旅游开发前景优良。这几年利用自然人文资源优势，游客倍增，开放渔家民宿 35 家。

庙干沙滩

境内保存一座"温州渔业指挥部"，见证了旧时嵊泗渔场的繁荣景象。

【自然景观】

庙干沙滩

庙干沙滩在庙干村，比附近的大王沙滩要清净，虽然不算大，但周边就有不少民居，推开窗就是碧海蓝天。

【人文古迹】

温州渔业指挥部旧址

温州渔业指挥部建于 20 世纪 50 年代。由主楼和附属房组成，坐东北朝西南，占地600平方米。建筑全部由花岗条石砌成。主楼呈凹形状，共8间，面阔26.3米，进深9.35米。东前置一间，对开门。西前置三间，面朝天井，楼梯外置东边山墙，上下各三层。

温州渔业指挥部旧址

附属房建于主楼对面，一层建筑，系食堂、会议室双重功能。大厅无隔断，左隔小间为伙房。门开两道，顶置水泥栏杆。

清康熙年间，枸杞岛连续迁入"宁波、温州、舟山、岱山（人）"。①温州渔业指挥部旧址保存完好，为研究浙北渔场兴衰史提供了实物依据。

十五、洋山镇圣港社区

【概况】

圣港社区位于大洋岛的北面，全社区总面积为2.27平方公里。东起沈家湾、薄刀嘴、小岩礁，南起城东社区公山，西起圣姑礁，北靠东海大桥。2005年5月撤村建社区。2014年年底，社区总户数为1395户，3442人，其中大洋1122户，2905人，小洋居民居住南汇方向273户，537人。

大洋山为江浙门户，海防要地。南宋绍兴年间，朝廷在大洋山置三姑都巡检寨。宋宝庆《四明志》载："三姑都巡检，治在三姑山，县西北八百里。"明清两代是浙水师会哨之处。区域内圣姑礁突兀海中，颇多传说。大、小梅山奇岩怪石林立，大都有题刻。

【自然景观】

1. 大梅山

大梅山上石山雄立，沿山均为高崖绝壁，石态憨然、幻异多姿，山顶

---

① 舟山市地名委员会编《舟山海域岛礁志》（内部发行），1991年，第112页。

石崖凌空耸峙，奇险无比。北崖顶上，上百上千吨穹石丛集。石洞、石室、石罅、石甬道，纷然杂陈，远望如八大山人的写意图卷。有一条由花岗岩球体叠置而成的缝隙，上至山巅，下入海面，人称"通天洞""通海洞"。山深处有一座观音庙，庙后悬崖高处凹现一岩体风化奇迹，似巨足之痕，印长约2米。据传观音菩萨为寻找住处降临梅山，只因此地太小不宜居住，只得悻悻而去，此足印传为观音菩萨所遗。周围另有数个较小脚印，传为观音随侍足迹。这一奇象被称为"梅山佛印壁"。

2. 小梅山

小梅山

小梅山位于大洋山北端，为独特的海岛花岗岩山体景观。小梅山不高，海拔只有62.2米，而且绿色植被稀少，放眼远望，一左一右两条木栈道依山势而建，仿佛两条丝带缠绕在山上。特别是在云雾缭绕的时候，山影若隐若现，栈道忽明忽暗，陡增几分妩媚神秘之感。小梅山山顶有观港平台，浩渺大海一望无际，礁岩舟帆尽收眼底，清风拂面，神清气爽。举目远眺，著名的小洋山深水港区一览无余。白天，可看到一艘艘巨型轮船停靠作业；夜晚，灯火通明，星河灿烂，成了一座海上不夜城。

小梅山石阵兼具形、质、色、文、韵等特性。这里的每一块石头似乎都跳跃着灵性，充满着诗魂。大自然给每一块石头赋予了形象和色彩，有"鳄鱼戏水""饿狗觅食""蛙儿鼓鸣""猴子攀岩""雄鸡高歌""秃鹰展翅"等等，神情毕肖，栩栩如生。

3. 圣姑礁

圣姑礁在岛北侧海中，与本岛相隔约250米，面积7000平方米。圣姑礁全岛石骨凌厉，中有石峰凌空突起，危崖削石，高达十数米。

圣姑礁有一个美丽的传说。相传远古时代有三位美丽的姑娘带着一只狗和一只宝箱来到了洋山，并在此小憩。这一小憩就是数万年，成了现在的圣姑礁。圣姑礁共有三块礁，故有圣姑三礁之称。两侧为前姑和中姑两块礁，中间的为圣姑礁。前姑体态玲

圣姑礁

珑，带着一只石犬，密切监视着狂野之徒的非分之举。中姑衣饰华丽，原来携有一只巨大的宝箱，后来在一次狂风暴雨后宝箱已经离开了中姑，漂到了马鞍洋面，成了现在的嵊山箱子岙；圣姑亭亭玉立，秀色可餐。三姑前后相拥，周围碧波曼舞，构成一幅绝美的"海上丽人行"画卷。

"海若波恬"摩崖石刻

【人文古迹】

1. "海若波恬"摩崖石刻

"海若波恬"摩崖石刻位于小梅山西端山麓上，石高5米，宽6米。题刻面朝西南，分布面积1平方米。"海若波恬"4字横书、楷体、阳刻，字高0.55米，宽0.45米，据考证为清光绪十四年（1888）海军"皇昌"号护洋舰将领刘长春、金玉笙、罗林文等巡监到大洋时所题。

2. 圣姑礁摩崖石刻群

圣姑礁不只有美丽的传说，还有极为浓郁的人文气息。礁上的圣姑礁宫建于清朝，至今已经有170多年的历史。

不唯如此，礁上的摩崖石刻也极具特色，清光绪十四年，湘潭雷玉春

率刘长春等 7 名将军巡海到大洋岛时，有感大海之情，题了"群贤毕至"4 个直书正楷大字。这些字每个高 0.36 米，宽 0.28 米，劲峭瘦硬，铁笔银画，左落款 12 字，右落款 32 字。旁边另有两处摩崖

圣姑礁宫

石刻，分布面积 10 平方米。石刻面朝南方，西侧刻"海宇澄清"，直书、楷体；东侧刻"万顷晴波"，横书、楷体。两处石刻单字皆高约 0.6 米，宽 0.5 米。落款因风化严重难以辨别不清。经考证为清光绪年间江浙游哨巡海

圣姑礁摩崖石刻

勒石于此。圣姑礁上朝东崖壁上，分布面积 2 平方米。"泛波"两个大字每字高约 0.5 米，宽 0.4 米，左边落款 11 字，勒于清光绪二十六年（1900），右边落款因风化无法辨认。该 4 处摩崖石刻皆被列为县级文物保护单位。

第二章　自然生态村落

第三章　民俗风情村落

　　民俗风情是指民间民众的风俗生活文化的统称，也泛指一个国家、民族、地区中集居的民众所创造、共享、传承的风俗生活习惯。它是在普通人民群众（相对于官方）的生产生活过程中所形成的一系列非物质的东西，包括民俗及民众的日常生活。

　　舟山风俗，富有渔乡特色。诸如，渔民尊称渔船为"木龙"，舟山渔船有"船眼睛""船灵魂"，造船要"定彩"，新船下海要"抛馒头"，渔汛开始"请龙王"，渔汛结束"谢龙王"，岛上建"天后宫"，船上供"船菩萨"，普陀山"观音道场"的三大香期，还有冬至"祭海神"；在劳动时，起锚拉网唱号子，出洋、摆渡吹海螺；在民间娱乐方面，正月里舞船灯，八、九月间演庙戏，还有"舟山锣鼓""翁洲走书""跳灶舞""木偶戏"等民间游艺习俗；在服饰方面，渔民冬穿"龙裤"夏穿背单，冬穿蒲鞋夏赤脚，妇女喜佩戴各色头巾，腰系布裙；船上不许讲不吉利的话；舟山渔民热忱好客，"一船遇难众船相助""一家有客全岙接待""避风难胞一宿二餐"等传统美德，以及一些标志着反抗侵略、抵御外侮的习俗，不仅内容非常丰富，而且有它的地区特点和时代特色，都同海岛历史、地理环境、自然条件及外界影响有密切关系。

第一节　定海区

一、白泉镇金山社区

【概况】

金山社区位于白泉镇中西部，社区西北部与干𥕂镇接壤，省道定西线越境而过。2005年6月撤金山村和金星村建金山社区。区域面积4.04平方公里，居民962户，常住人口2649人。社区地域面积6073亩，其中水田面积751.6亩，旱地面积121.57亩，山林面积3437亩。社区经济以二、三产业为主，居民以种植、养殖和外出务工为业，并建有杨梅、梨、柑橘休闲观光果木基地。金山社区地域文化特色显著，社区老人们几乎个个都会拉二胡、吹笛子、敲锣打鼓。热心人走在一道，拉起了舞龙队、舞狮队、跳蚤舞队、舟山锣鼓队、鼓搁队、腰鼓队，舟山锣鼓、跳蚤舞、高跷等民间艺术不断发展。现已拥有文体队伍15支，文艺骨干人数超过300名。区域内陈家老宅保存完好。

【民俗风情】

1. 舟山锣鼓

舟山锣鼓源于明清时期，其形式系大套复多段吹打乐，采用"将军令"中的"三番锣鼓"旋律，初无称；到清朝末年，主奏乐器别致，鼓点丰富，演奏风格独特，音色、音量对比鲜明，鼓乐声似海浪起伏翻腾，有了新的发展，并在舟山群岛流行；到民国年间渐盛，始称"三番锣鼓"；新中国成立后称海上锣鼓，又叫舟山锣鼓。

舟山锣鼓

　　20 世纪 50 年代末，高生祥、高如兴、高如明、高如丰父子四人组成了"高家小唱班"，在自身多年艺术实践的基础上，集他人之长，在高家班以传统曲牌"将军令"为主体旋律的"三番锣鼓"（一个以三个锣鼓段落与旋律交替进行的锣鼓曲）中将大小不同的几面锣与鼓组合起来演奏，大大增强了乐曲的艺术表现力及观赏性。

　　旧时期的舟山渔村，大都有一些从事红白喜事、庙会庆典、渔民出海和谢洋、祭海等活动的吹行班、念伴班等民间乐队，在渔业生产上也有用以壮胆、传递信息的太平锣、招客锣等各种乐曲。但在众多的民间乐队中，"高家小唱班"凭借其与众不同的锣鼓敲打技艺，吹、拉、弹、打乐器行当齐全的乐队组合和丰富多彩的曲目演奏，而闻名于舟山。

　　舟山锣鼓是舟山民间艺人以长年累月的吹打实践并吸收、融会外来的艺术特点，不断进行丰富充实而逐渐形成的。"高家小唱班"也在前人的基础上作了进一步的发展与继承。特别是作为主鼓手的高如兴，吸收了其父厚实的吹打技艺，以强烈的创作欲望，对"三番锣鼓"进行了全新的改革。他与文艺骨干一起到渔村、下渔船，体验渔业生产生活，在专业音乐工作者的指导下，将渔民出洋回港、下网起网、斗风斗浪等作为演奏内容，并在乐曲的旋律中有机融入"八仙序""乌夜啼"等民间乐曲及舟山渔民号子等音乐素材。他还不断地增加鼓只，直至将排鼓从一人打 2 只鼓发展到一人打 7 只鼓，使"三番锣鼓"锣鼓点节奏的创新及演奏达到了一个新水平，充满豪迈、奔放的击鼓技巧。雄壮、激烈、炽热的鼓声，将海岛渔民生活、民间风俗表现得淋漓尽致。为了表现新鼓艺术，突出海的特色，高如兴将新编鼓曲取了个新名，即"海上锣鼓"。改编后的"海上锣鼓"比"三番锣鼓"更完整、更规范，它以锣、鼓、钹、唢呐演奏为主，间以丝竹，音响洪亮，旋律奔放，气氛热烈，鼓点子奔放跳跃，表现力强，非常有渔民性格和海岛生活气息。看过、听过"三番锣鼓"，再看"海上锣鼓"，所有人都会被其排鼓与锣鼓之间的默契、宛如一体的演奏所震撼。当乐曲高潮来临时，排鼓的单击、双单击、滚击等演奏技巧，更让人叹为观止。"海上锣鼓"是舟山锣鼓乐中有标题音乐作品之首创，之后，高家班常以此曲为庙会活动或家庭婚丧寿庆等演奏助兴，并逐步向大型吹打乐发展。

1959 年，经中国人民解放军前线歌舞团改编整理的"海上锣鼓"，赴奥地利维也纳参加第七届世界青年联欢节，荣获民间音乐比赛金质奖。同年，"海上锣鼓"正式定名为"舟山锣鼓"。从此，舟山的民间吹打乐正式向国内外亮出了自己的品牌。"舟山锣鼓"红极一时，由乡村走向城市，由配角成为主角，成为我国民族吹打乐中的骄子。

20 世纪 60 年代初期，舟山锣鼓迎来了发展的鼎盛时期，许多专业文艺团体纷纷到舟山学习舟山锣鼓，高家也成了全国各地音乐人士的定点采风地；国家级、省级艺术团巡回演出，均有舟山锣鼓曲目登台；它到过亚、非、欧等几十个国家，并受到了广泛赞美。但从 1966 年到 1976 年的十年"文化大革命"时期，舟山锣鼓随民间艺术一并受到禁锢。1979 年文化部为"抢救"民间音乐，将舟山锣鼓作为国家级重点民间器乐曲入编国家艺术科研重点项目，此时的舟山锣鼓已不再是"高家小唱班"的形式。在政府和文化部门的指导与关注下，一支支新的锣鼓队伍组建了起来。1986 年，舟山锣鼓被编入《中国民族民间器乐集成》，许多曲目也被灌制成唱片，先后被中国艺术团、中央乐团等众多国家级院团改编演奏，多次获奖。2000 年以来，舟山锣鼓开始在城市、乡村及专业文艺团体等不同层面活跃起来，影响进一步扩大。近年来，用舟山锣鼓形式创作的作品多次在国家级及省级各类比赛中获奖。所以说，舟山锣鼓经历了形成、沉寂、复苏、弘扬的过程。

值得一提的是，舟山锣鼓以 5 音排鼓、13 音排锣为独特的主奏乐器。5 音排鼓是由 5 只音调高低不同的大小堂鼓组成，按鼓的音调由高到低排列而成。"13 音排锣"由李月锣、大小才锣、狮锣、高音手锣、中低音虎锣等若干种不同色彩的锣组合，按音调的高低，从上而下竖式排列而成。排鼓演奏者为乐队的指挥，演奏时，吹、拉、弹、打各种乐器配合，演奏风格独特，音量对比鲜明，音响色彩丰富。全体乐队随着具有强烈海洋文化特色印记的"三番"鼓点子变化来表达乐曲的情感与意境，其演奏气势，似岛上的台风、海上的狂澜。而"三番"锣鼓点子也正是舟山锣鼓的精髓。

舟山锣鼓表演全长 8 分钟，分为"三番"。"番"是当地土语，可以理解为现代音乐的"乐章"。第一番是渔民出海，表现渔民出海的场景，祈求亲人平安；第二番是生产捕鱼，反映渔民劳动欢乐的场景；第三番是庆丰收，表现渔民满载归来的喜悦。第三番是高潮，是全曲最精华的部分，表演难度最大，而这里也正是可用武锣发高昂音的乐点。

现在，舟山锣鼓已在原来的内容与形式上有了很大的发展，而且还在继续创新，相信一定会代代相传，越来越好。

2. 跳蚤舞

跳蚤舞初时没有情节和人物，女角由男性扮演。1922年后，白泉乡私塾老先生章孝善，把民间故事《济公戏火神》的情节糅入其中，并融入"驱赶火神，祈求太平"的意境，参加出会表演。从此，跳蚤舞有了明确的人物形象。

白泉跳蚤舞

1955年，章孝善的传人何志福（白泉村人）在浙江省第一届民间古典音乐舞蹈演出大会上，作为舟山代表队演出白泉跳蚤舞，获演出一等奖。20世纪90年代，跳蚤舞作为主要民间艺术形式出现在"白泉振兴会""白泉五百农民进城闹元宵""白泉杨梅节"等大型节庆活动上，跳蚤舞重趋活跃，并逐渐在全市普及。2003年，舟山市举办大型踩街活动，经过革新的跳蚤舞成为踩街活动亮点。2004年5月12日，由金山村陈阿苏、蒋亚芬表演的跳蚤舞《济公斗火神》在舟山渔农村村级文艺调演中，荣获创作二等奖、表演一等奖。普陀展茅把跳蚤舞和踩高跷结合起来，成为跳蚤舞新品种——"高跷跳蚤舞"。

《济公戏火神》讲述济公在杭州净慈寺为僧时，在庙门口碰到扮成村姑欲进庙焚寺的火神，济公有意调戏"火神"，寺庙和尚误以为济公行为不轨，放村姑入寺烧香，后寺庙被焚。济公是活佛，一眼看穿了火神的歹意。火神利用自己的姿色作诱惑，在济公面前百般挑逗，欲求济公放她入庙，济公也为此戏弄她。济公为佛，火神为道，这实质上是一个"佛道斗法"的故事，但"跳蚤舞"取其"寺外斗法"这一段特定情节，铺叙为一个充满喜剧气氛的舞蹈，对原来的跳灶舞进行艺术创造，因其舞姿酷似跳蚤，故改名跳蚤舞。

跳蚤舞由男女二人表演。男角（济公）身穿僧衣，头戴僧帽，腰系草绳，一闪左，一闪右，阻止火神行进。女角（火神）身穿红绿花袄，一手握花伞，一手提香篮子，左一闪，右一闪，躲着济公前进，构成驱赶意境。

近几年，金山社区群众文艺演出队何志福培育的幼儿跳蚤舞演出队经过多次改革和提炼，把传统的济公冲火神躲闪的二人表演单一内容扩编为多人表演。以群舞为主体，增加火神引诱众僧反被众僧戏弄的大段舞蹈情节。在跳、走、蹲的基础上进行拦、摆、挑，配以耸肩抹脸、挤肩弄眼等动作。还把道具破扇、狗骨头（棒头）改为双色小木棒，同时增添了脖子甩珠、转珠、伸珠等高难度动作，使民间舞蹈在保持传统的前提下又有了创新。

【民居选介】

陈家老宅

陈家位于舟山市定海区白泉镇金山社区金山自然村金林水库下128、130号，据陈家后人回忆已有百余年历史。坐西北朝东南，占地面积1025平方米，原为一处四合院，现部分拆除。主体建筑皆为单檐硬山顶，盖小青瓦，卷曲纹压脊砖，瓦当多不存。正屋现存明间、西侧次间、库头及西厢房北端一间。檐下用月梁、柱头科，穿斗式梁架，进深七柱七檩。明间为中堂，内供神龛，龛上悬"教本堂"匾。库头及西厢房用木格花窗，灯笼状云耳窗臼，雕饰花草、如意等。门房五间。台门砖石砌筑，石门楣、门框、门槛，门臼尚存。门上端内外皆有灰塑，外侧中部灰塑"福禄寿喜"四字，周围用花草、卷曲纹等装饰，两侧灰塑仿照北方四合院的垂花门，别致新颖。

二、双桥街道紫薇村

【概况】

紫薇村成立于2005年，位于双桥街道北面永锋大田畈，村域面积12平方公里，由紫薇、狭门、永锋三个自然村合并而成。村民1380户、3480余人。双桥民俗文化与休闲旅游融合并进，舟山市首个布袋木偶戏展示馆在狭门自然村建成并投入使用，游客欣赏完茶人谷自然景观后常常为民俗文化驻足。双桥街道更是凭借木偶戏荣获"浙江省传统戏剧之乡"称号。区域内有徐公桥、郑氏祠堂等人文古迹。

【自然景观】

茶人谷

"茶人谷"位于双桥镇狭门水库上游，最高的大潭岗海拔420米，山地面积约3万亩，因种有千亩茶园，故称茶人谷。本地人自喻为"舟山的九寨沟"。

它是岛城最幽深的一条峡谷，目光所及青山竞秀、峦峰藏寺、翠谷幽幽、白练飞泻，耳之所闻鸟鸣溪唱、花开有声，鼻之所触芳香流溢、沁人心脾，如人间仙境。最

茶人谷

著名的是在海拔400米的山顶，也就是大潭岗墩，有原生态茶园千顷，禅茶一味，已成啜茗一绝。

【民俗风情】

木偶戏

木偶戏因木偶和操控方式的不同分作三种：布袋木偶戏、提线木偶戏和杖头木偶戏。布袋木偶戏即"小戏文"，舟山各地均有流传。定海的布袋木偶戏是省级"非遗"保护项目，双桥侯家班是该项目的代表性传承人，至今仍在演出。

提线木偶戏流传在浙南一带，木偶较布袋木偶大，造型也更完整，其手、足等均用线连接在一块竹板上。艺人手握竹板，或提或放，或转或翻，带动木偶进行表演。这种木偶戏舟山没有出现过。

舟山曾经有过杖头木偶戏，俗称"下弄上"。1923年编的《定海县志·风俗》

说："傀儡戏（即木偶戏）有二种，俗皆称之曰'小戏文'。一种傀儡较巨者谓之'下弄上'，皆邑中堕民为之。围布作场，大敲锣鼓，由人在下挑拨机关，则傀儡自舞

定海木偶戏

动矣，其唱白皆在下之人为之。一种小者，其舞台如一方匣，以一人立于矮足几上演之，谓之独脚戏，亦曰凳头戏。""凳头戏"，就是上面说的布袋木偶戏，"傀儡较巨者谓之下弄上"的木偶戏，则是杖头木偶戏。

如志书所说："围布作场，大敲锣鼓，由人在下挑拨机关，则傀儡自舞动矣，其唱白皆在下之人为之。"围布作场，用的是墨绿色的帆布，围成一个直径约4米的圆圈，艺人和木偶都躲在围布里面。那木偶身长在半米左右，头有鹅蛋一般大，木偶的服装、扮相和脸谱全跟京剧演员一样。艺人用长竹竿将木偶撑举到围布上面，木偶的手、脚则用细竹竿支撑着，在艺人控制下进行表演。这种木偶戏，艺人躲在下面的围布里，将木偶弄到围布上面来进行表演，故而人们称它为"下弄上"。"下弄上"的木偶酷似真人，经艺人调弄，显得活灵活现，很引人眼球。可惜今已失传。

【人文古迹】

1. 徐公桥

徐公桥位于紫薇下新屋10号民居门前2.5米，据附近居民回忆建于清代，近300年历史。南北走向，占地面积40平方米，架于东西走向穿村而过的小河上。由4个桥墩支撑桥面，桥面由石板排列而成。桥面中间由20块石板组成，由于加宽河边道路北端由2块石板用水泥抹平，现桥面只能看到18块。两边各用5条长石条平铺。桥墩用条石砌筑，七八根不等。

2. 郑氏祠堂

郑氏祠堂位于狭门5区154号，据郑氏族人回忆始建于300多年前，

2004 年有过维修，坐北朝南，占地面积为 87 平方米。现存一正堂，一台门。正堂面阔一间，梁架结构为穿斗式，进深五檩五柱，单檐硬山顶，盖小青瓦。祠堂正门前 7 米处有一台门，较破旧。

第二节　普陀区

三、朱家尖街道莲兴社区

【概况】

莲兴社区位于朱家尖岛的中北部，地理位置优越，道路两边绿叶成荫。成立于 2008 年 6 月，下辖白山、盐厂、北塘 3 个农业经济合作社，总面积 6.1 平方公里，其中耕地面积 1443 亩。共 798 户，2280 人。莲兴社区与普陀山观音文化因缘殊胜，境内有观音法界、观音文化苑等人文景观，以及市级文物保护单位"廉泉"抗倭古井。

【观音文化】

1. 观音法界

观音法界位于白山脚下，面积 2150 亩，总建筑体量约 28 万平方米。观音法界的总体布局以香莲路为轴线依次展开，从东至西分别布局了普隐精舍、中国佛学院普陀山学院男众部及扩建工程、观音圣坛、居士学院、正法讲寺及中国佛学院普陀山学院女众部等佛教单体建筑。

园林即法界的意境主题。观音法界以朱家尖自然地形地貌为基础，把山水景观环境作为重要部分来打造，通过山景、佛感植物带和生态水系的连接，将自然景观和佛教文化完美地融合在一起，形成以观音文化为主题的佛教生态园林。

观音圣坛呈现"一主两从"品字形建筑群，两侧分别是善财楼和龙女楼，建筑整体布局具有向心性和对称性。圣坛中轴线纵深 619 米；圣坛建筑直径 150 米，占地面积 55 亩；圣坛广场直径 219 米，占地面积 380 亩。观音圣坛举办大型宗教活动、共修法会、主题展览、节庆汇演等，可同时容纳 5 万人左右。圣坛附属善财楼、龙女楼高度为 33 米，分为 3 层，建筑体量均为 3000 平方米。

目前，核心建筑——观音圣坛已闪亮登场，圣坛顶部是金光闪闪的皇冠造型。建筑高度达到91.9米，建筑总体量61900平方米，按其内部功能分为9层。

圣坛外立面整体围绕"毗卢观音建筑造像"展开纹样设计。纹样设计包含整个建筑的外立面及基座内走廊，分为六大板块：大台阶、基座、莲花座、塔身、大背光及毗卢顶。

观音圣坛

观音圣坛外立面整体装饰纹样的主题为"从花到果的修行之路"——是一个人从开始修行到正觉，再到涅槃，一个开花结果的过程。圣坛基座柱廊48扇门采用阿弥陀佛四十八大愿。装饰纹样设计采用接圆式如意莲花纹，寓意着圣洁、崇高与吉祥，来体现圣坛的庄严与神圣感。纹样也需贴合主题来突出观音文化。其中，千手观音有42臂，其中40臂有法器。考虑到门有40余扇，设计师便使之一一对应，并在圣坛基座大须弥座采用观音佛手与法器元素进行设计创作。为了营造端庄、雅致的意境，观音圣坛的外立面大规模采用了一种特制石材——黄金麻花岗岩。

走在观音圣坛首层的公共环廊里，仿唐风格与现代元素有机融合，大气而不失精美，由此游客可进入恢弘的室内空间。环廊吊顶设计中心采用莲花天窗，来表现天穹莲花的概念。吊顶边饰纹样形式借鉴敦煌藻井的艺术形式，根据内走廊空间结构，基于敦煌藻井斗四套叠结构进行重新设计。其中，整体纹样结构以联珠纹进行空间分割，纹样元素采用卷草纹进行装饰，莲花天窗旁采用云纹如意纹衬托，以莲花为中心向外扩散张力，莲花为圆，四周为方，也体现古人天圆地方的哲学理念。

2. 观音文化苑

观音文化苑是朱家尖六大景区中的一个重要景区。这里最值得一看的是，高 114.9 米的千丈崖上彩绘的一尊高 69 米、面积达 2000 平方米的观音大立像彩绘壁

观音文化苑

画，有"海上莫高窟"之雄伟与庄严。观音法相高为 61.9 米，寓意观音成道于六月十九日。法相为坐姿，顶有宝珠天冠，项有圆光，弯眉朱唇，眼似双星，目光微俯，披天衣，挂璎珞，带项饰，着罗裙，慈眉善目地稳坐在莲花台上，广视众生，显现安详凝重、救苦救难的慈悲法相。

观音法相莲花座直径 36 米，外部镶嵌上下 3 层共 66 片莲花瓣。法座内部是蔚为壮观的五层大厅，陈列众多的观音文化艺术品及功德林等。莲花座四面环水，有四桥通达，寓意四方净土，八方德水，四边皆道之佛境。

除此以外，景区内山峦起伏，其他有千丈崖、仙女台、天堂弄等景点。

【人文古迹】

"廉泉"抗倭古井

"廉泉"抗倭古井，位于白山村蜈蚣峙山西麓，坐东北朝西南。据考证始建于明万历三十五年（1607），占地面积约 20 平方米。

"廉泉"题刻

古井呈长方形，外口径长 1.26 米，宽 1.52 米；内口径长 0.94 米，宽 1.25 米。井内壁呈袋状，块石垒砌，井口沿铺石条。井水清澈，水寒甘冽。古井西侧 6 米处崖间镌"廉泉"两字，每字高 0.4 米，宽 0.36 米，阴刻，楷体，字体完好，但无落款。

该井与抗倭有关，"廉泉"石刻艺术价值较高。现为舟山市文物保护单位。

四、六横镇里岙村

【概况】

里岙村辖属六横镇五星社区。"里岙"村名，系当地有两个山岙，朝南称外岙，在北称里岙，故名。耕田 293 亩，其中水田 148 亩、旱地 145 亩，围塘养殖面积 167 亩。1992 年，全村 148 户，496 人。里岙民俗风物馆展示了清代至民国时期六横人民生产生活、民风习俗等场景，是舟山首家村办博物馆。

【民俗风情】

里岙民俗风物馆

里岙民俗风物馆始建于 2004 年 3 月，起初馆址在里岙村委会，面积仅有 300 平方米；2007 年迁址重建，是一座占地面积 800 平方米仿古式木质四合院。目前馆内分序厅、文物史迹、民间工艺、红色记忆、民风习俗和海洋生物 6 个展区，共有清代至民国时期生产生活用品、服饰、钱币、工匠工具、渔农业

六横里岙民俗风物馆

生产工具等物件 2000 余件，其中大部分展品由该村村民捐助。2012 年 5 月 18 日，里岙民俗风物馆成为普陀系列海洋博物馆网络体系的首家分馆，改

名为普陀区博物馆六横里岙民俗风物馆。

民风习俗是风物馆的展览重头。展示民风习俗的正厅还原了六横人成婚时的供奉习惯，各种供品的实物或模型整整齐齐地被安放在盘中，红烛明堂高照；虽因条

婚庆祭祀

件所限未能摆足"三十六盘""二十四盘"，但在一片静谧中闭上眼，百年前新婚夫妻身着明艳的凤冠霞帔，在案前躬身下拜的场景仿佛就浮现在眼前。左手边的两间偏厅分别陈列了现在几乎绝迹的传统农具和家具，碾米的磨盘、榨油的小车、历经百年仍保存完好的木质梳妆台、雕花精致的四脚床……桩桩件件都吸引着参观者的目光。这对年长的参观者而言是童年记忆的复苏，对年轻人而言则是了解传统民俗文化的最佳途径。此外，出土的战国时期的文物、光绪帝的圣旨、历时 150 年的绣花鞋、巨大的贝壳标本等等也是极为罕见的珍贵馆藏。

五、东港街道塘头村

【概况】

塘头村，东临莲花洋，西连展茅街道，南接普陀东港城区，北至晓辉岭。辖区面积 8.59 平方公里。截至 2018 年 12 月，共有居民 1230 户，户籍人口3958 人，常住人口 3674 人。区域内有天后宫、大舜庙、章财庙，以及道慈大和尚旧居、莲花岛罗汉堂等人文古迹。禅茶是塘头村的文化品牌。

【禅茶文化】

塘头村与普陀山以莲花洋相连，拥有原始海岸线 10 余公里，文化底蕴深厚，区域佛教文化历史悠久。民国初年，塘头有 100 余艘小舢板，专为去普陀山的香客服务。

塘头佛茶基地源于普陀山的礼佛需要输入而成规模。普陀佛茶生产历史悠久，普陀山种茶大约始于1000多年前的唐代或五代十国时期，据明李日华《紫桃轩杂缀》

莲花洋意蕴

记述："普陀老僧，始余小白岩茶一裹，叶有白茸，论之无色，徐饮觉凉透心腑。"僧曰："木岩茶至上、六后，专供（观音）大士，僧得啜者寡矣。"《浙江通志》引《定海县志》记载："定海之茶，多山谷野产。……普陀佛茶可愈肺痈血痢，然亦不甚多得。"清朝光绪年间（1875—1908），普陀佛茶被列为贡品。1915年，普陀佛茶在巴拿马万国博览会获奖。2010年，普陀被中国国际茶文化研究会授予"佛茶之乡"荣誉称号。

【人文古迹】

1. 天后宫

塘头天后宫，《定海厅志》大展庄图有标记。光绪二年（1876）重建，占地面积1000多平方米。最初是在麒麟山大沙田一个简陋小庙里，供奉的是尊木雕天后娘娘。后乡民出资，把大沙田小庙里的娘娘请到沙里，重建天后宫。后又经多次重修和迁移，最后于1999年建造在塘头村。

罗汉石雕群

2. 莲花岛罗汉堂

莲花岛罗汉堂，又名莲花洋雕塑公园。远远望去，莲花岛就像一个观音静静地躺在海面上。此岛虽小，但与海天佛国隔海相望。1996年春，著名国画大师潘天寿的外孙——杭州潘天寿环境设计研究院院长、画家朱仁民先生以 9 万元买下了这个 100 亩的小岛 40 年的经营权，并给它起了一个美丽的名字——莲花岛。朱仁民先生也是全国买岛第一人。在这个小岛上，朱仁民大师先后投入了 2300 多万人民币，自费雕塑建造了五百罗汉堂。

罗汉石雕群讲述的是 1200 多年前日本高僧慧锷怀抱观音，东渡未遂的故事。莲花岛罗汉堂又名莲花洋雕塑公园，在莲花岛岸边通往岛上的 800 米长堤上，在海浪冲击的礁石上，甚至在别致小屋的墙壁上，到处布满了形态各异、笑容可掬、栩栩如生的罗汉雕塑。

第三节　岱山县

六、岱东镇龙头村

【概况】

岱东镇历史悠久，大舜庙后墩遗址证实，距今约 4000 多年的新石器时代，就有先民生息。相传 2200 年前，秦始皇派方士徐福率童男女数千人入海，求蓬莱神山寻找仙药至岱东后沙洋。2019 年，岱东镇实行镇管村体制，下辖沙洋、龙头、涂口、北峰、虎斗 5 村。[①]祭海谢洋是龙头村的文化亮点，近来每年举办"中国祭海谢洋节"，声势浩大。境内有叶机故居、鹿栏晴沙等人文自然景观。

【民俗风情】

祭海谢洋

祭海，是岱山乃至中国沿海渔民崇拜和信仰海龙王及海上诸神的一种祭祀方式。过去，因船小以风为动力，加之生产工具落后，世代以捕鱼为生的渔民，对大海怀着天然的敬畏。海是传说中龙王的世界，海况好坏，船只安危，渔民生死，全掌控在海龙王手中。为了祈求平安与丰

---

① 岱山县民政局【2019】48 号文件《岱山县民政局关于公布全县社区居民委员会、村民委员会名称的通告》。

收，于是出海祭龙王、丰收谢龙王，成为渔家的传统习俗。

祭海这一民俗在民间长久流传，在舟山群岛诸多渔家习俗中，岱山渔民的祭海风俗独树一帜，其内涵之丰富、形式之多样、礼式之讲

祭 海

究，无不表达着世代与海相伴的渔民们一种最原始的情怀。这种独特的海洋文化，代代相传。

据当地老渔民回忆，这一民俗事象得到了完美再现：两面大铜锣开道，随后由渔民背"样桅"（即顶尖留有竹叶、竹竿上部捆扎棕榈的小竹，意为桅杆林立），后面是五色旗及其他彩旗，抬着扎有红蓝绸布的木质杠箱，箱中装着全猪、全羊等"五牲"，各色荤、素菜，白盐、黄糖、水豆腐及糕饼、水果等祭品，共有八杠箱之多。沿途鞭炮齐鸣。祭海队伍抵达泊于码头边的船上后，身着龙裤的老渔民们把祭品放于八仙供桌上，猪、羊分供于左右专架上，供桌前铺有桌帏，太师椅背上挂着缎子被面，桌边挂好疏牒，点香插烛，随着海潮的上涨，先后上香，酒酹三遍，其间以船老大为首，其他渔民分列两旁，三跪九叩施礼。祭海结束后，将每种供品各采些许放入大酒杯，连同疏牒，一齐朝天抛入海中。此时，铜锣巨响，鞭炮大鸣，敬送龙王。

在岱山，谢洋祭海仪式，古已有之。据清朝光绪年间《定海厅志》记载，当时岱山海域的灌门老龙与普陀桃花女龙、定海岑港白老龙是官方每年必祭的三大龙王之一，钦颁祭文曰："维神德洋寰海，泽润苍生，允寰水土之平，经流顺轨，广济泉源之用，膏雨及时。绩奏安澜，占大川之利涉，功资育物，欣庶类之蕃昌。仰借神庥，宜隆报享。谨遵祀典，式协良辰，敬布几筵，肃陈牲币。"可见祭海拜谢海龙王已成为一种必不可少的宗教仪式。再据清代志书记载，岱山岛有沙竭龙王，现鹿栏晴沙风景区所在地有后沙

祭海坛

洋棕缉龙王，燕窝山龙王庙专供四海龙王，岱中海宴宫专供东海龙王。

至今，岱山部分渔村仍沿袭着这一传统的民间习俗，保留了祭海粗犷、纯朴的原生态文化风貌，展示着东海海域渔民龙信仰的独特传统文化与深厚的民俗内涵。

祭海，除了必要的礼仪和程序外，还有诸多的禁忌。如供品中的菜肴有五荤五素、六荤六素或十荤十素，因为岱山方言中"五"与"鱼"同音，意为"年年有鱼"，而"六"则意为"六六大顺"，"十"意为"十全十美"，都寄托着渔民的美好心愿。

祭海缘何要用黄酒、猪头，而从来不用鸡？这里当然也有讲究。用黄酒是因为渔民戏称海中捕鱼是与龙王赌博，黄酒颜色浑浊，龙王爷喝了眼睛看不清而"推倒庄"，让渔民满载而归。而供猪头一说，则是相传最早时候的东海龙王敖广因头上没有"尺木"（据说这叫"博山"，实则为"肉瘤"）而上不了天，渔民们想如果能送"尺木"给海龙王，就能保佑出海顺风顺水、网网丰收。找不到"尺木"的渔民想送很肥的东西给海龙王，吃多了说不定就长出肉来了，于是就想到了形状似"博山"的猪头。此后，出海时渔民就用上等猪头供奉，并抛入海。奇怪的是，日子久了，海龙王头上居然长出了"博山"且飞上了天，他开心得要重赏送猪头的人。得知是渔民后，便放口说：出海渔船，凡是供猪头的，都给予方便。

那么，鸡又因何被排斥在供品之外？因为对捕流网的渔民来说，最向往的就是顺顺利利，而"鸡爪"却意含"乱七八糟"，因此渔民不仅祭时不用鸡，平时在船上也不吃鸡，甚至不能想鸡，迫不得已要说到"鸡"字也用"鸭"来替代。另一种说法则是"鸡"在岱山方言中与"欠"同音，是不吉利的说法。

美丽的传说包含着渔民朴素的大海"情结"，渔民世世代代在舟山群岛上繁衍着，到了如今的休渔期，岱山的渔人们利用祭海坛，借鉴传统的祭海方式，喊出让大海休养生息及对大海的感恩之情，道出希望全人类保护海洋资源，呵护海洋环境，人与自然和谐共处的美好愿望……

【人文古迹】

1. 叶机故居

叶机故居位于龙头村叶家15—52号，建于清代。原为规模宏大的多重宅院，总面积约7000平方米。现仅存破旧老屋两座，面积约500平方米，

叶机故居

坐东北朝西南，单檐硬山顶，盖小青瓦，檐前用瓦当、滴水。檐下用月梁、柱头科。穿斗式梁架，进深七柱七檩。

叶机为历史上最高级别的岱山籍官员，相传其府第仅墙门就有18道之多，前后共五进房屋，另有马厩、牢房等附属建筑。现在叶家后代尚保存有一块"引敬堂排行"匾，为"光绪辛丑菊月敬立"。

2. 鹿栏晴沙

鹿栏晴沙景区距县城高亭镇14公里，既是旅游开发区，又是古"蓬莱十景"之一，是天然的大型海滨浴场及海滩活动中心。整个景区由鹿栏晴沙沙滩、徐福亭、泥螺山、晴沙海洋乐园及规划中的旅游小区组成。该景区是海上运动、海滩活动、游乐、度假为主的海滨活动中心，汽车可直到沙滩。

鹿栏晴沙全长3.6公里，沙滩呈南北走向，东西宽150米，淹水部分纵宽200米以上，是江浙沿海最长一条沙滩。沙滩坡平，纵宽大，几百米外海水才及胸，涨潮时浪大，回声响，气势宏大；退潮时潮水平静、安宁。

鹿栏晴沙景区

沙色呈铁灰色，沙质细腻偏硬，沙子中含有多种矿物质，对皮肤病具有一定疗效。由于沙质硬，沙滩上可行驶汽车，被冠以"万步铁板沙"美称。沙滩三面秀峰环抱，中间有"滩中小屿"——泥螺山，四周礁石各异。其近处有一"鸡冠礁"，因形似公鸡冠而得名。清晨，站在沙滩透过"鸡冠礁"观东海日出，一轮红日破海而出，霞彩缤纷，别有一番情趣。清代诗人刘梦兰曾有诗赞曰："一带平沙绕海隅，鹿栏山下亦名区。好将白地光明锦，写出潇湘落雁图。"

海洋乐园目前已有许多活动项目对游客开放，主要有音乐茶室、小卖品部、各类海上及海滩活动项目、烧烤、沙滩跑马、蒙古包、沙滩跑车、野营房、活动茶房、各类浴具出租、淡水淋浴房、网具出租等。沙滩内建有 1100 平方米"晴沙宾馆"一座，为游人提供吃、住服务，每年都吸引了大批的游客来这里"戏水弄潮"。

徐福亭位于海洋乐园入口处的小山墩上，该亭占地约 80 平方米，为白石结构仿古式双层四角亭，四周饰以石栏。亭柱上刻有一对楹联，曰："停桡欲访徐方士，隔水相招梅子真。"亭内树有一碑，双龙合抱，由青石精雕而成。碑文记录了徐福求仙与岱山古名蓬莱的关系，碑名由中国徐福会会长李连庆书写。登上该亭，可远望大海和俯视整条沙滩，阵阵海风拂面，使人心胸开阔，心旷神怡。

泥螺山位于鹿栏晴沙内，该山约 6000 平方米，为一滩中小屿，三面沙滩，一面入海，远远望去，像一只硕大的泥螺爬向海中，因而得名。在其山顶上有一处刑马礁旧址。据有关史料记载：隋朝末年，隋炀帝欲开拓疆域，扩张领土，骠骑将军陈棱率兵万余人征琉球，途经岱山，在鹿栏晴沙一带安营扎寨，杀马祭天七昼夜。不久攻克了琉球，隋炀帝升陈棱为右光禄大夫。事后，当地群众为了纪念他，就在该景区附近修建了"陈将军庙"，"陈将军杀马祭天征琉球"的故事也一直流传至今。1998年由浙江电视剧制作中心摄制的大型电视连续剧《徐福东渡传奇》，其中秦始皇祭海送徐福、东渡船队出征、东渡营地等场景均在该地摄制完成。

第四节　嵊泗县

七、五龙乡田岙村

【概况】

五龙乡田岙村落到处是展现海岛民俗风情的大型露天壁画，舟山渔民画是该村的一大特色。此外还有 "渔家乐"旅游项目，他们提出"当一天渔民，过一天渔家生活"的口号，充分利用闲散渔船和渔业劳力，着力打造"以海岛探险、海上游乐、钓鱼捕虾、笼捕采贝"为特色的"嵊泗列岛渔家乐"休闲渔业品牌，现在基地已初具规模。目前，全村有渔家乐经营户110户，总床位1000余张，

渔民画露天壁画

休闲渔船45艘。2009年，田岙渔家村凭借休闲渔业特色旅游被评为"浙江省特色旅游村"。境内有大悲山大灵音寺、三圣殿、鱼雷洞人文古迹和六井潭自然景观。

【民俗风情】

舟山渔民画

　　舟山渔民画造型的夸张、随意和制作的精致赢得了国内外专家和观众的认可。1980 年成功举办了首届舟山渔民画展览后，舟山的渔民画升华为一种反映海洋文化、海岛风情的优美画卷，成为展示中国海洋文化的一个重要组成部分。1987 年 11 月，舟山渔民画在北京中国美术馆展出，获得了广泛好评。1988 年 1 月，文化部命名舟山群岛定海、普陀、岱山、嵊泗 4 个县（区）为"全国现代民间绘画之乡"。至 2008 年，有 1000 余件作品在全国性报刊发表，入编各类画册，入藏多家美术权威机构，并到 10 多个国家作对外文化交流展出，享誉国内外。

　　多年来，舟山渔民画在保持艺术风格整体性的基础上，强调地域特色，力求多样性，创作了一批又一批渔民画新作，多次在省级、全国及国外展览上展出、获奖。

　　舟山渔民画表现的多是大海及与海有关的事物。渔民出没于狂风巨浪，甚至生死搏斗的生活经历，造成作品奇幻、神秘、抽象近乎怪诞的风格，赋予作品现代民间气息强烈的地域特色和民族意识。这些主观的感受和强烈的生活气息又通过造型上的夸张、随意和色彩上的艳丽、强烈而表现出来，由此形成了舟山渔民画特有的整体性艺术魅力，在中国现代民间绘画艺术中独树一帜。渔民画家们把对理想、对生活的美好追求与渴望都反映在他们的作品中，如刘云态的作品《渔姑梦》《咪咪梦》，张亚春的作品《嬉鱼》；有的以渔民生活、生产和渔家风俗风情活动为内容，如林国芬的《拣鱼》和《剖鲞》，陈艳华的《补网》等；有的反映了海岛的民间传说，如张定康的《穿龙裤的菩萨》描绘了"青浜庙子湖，菩萨穿龙裤"这一民间故事。

　　因为渔民画家们热爱自己的海岛，热爱自己的劳动和生活，他们以海为动力，依照自己的环境和生活在创作中进行联想，用形象的思维来表达他们朴素的思想情感。他们从客观事物的真实形象出发，进行大胆的创意和夸张，立意奇特，想象丰富，用画笔流露着自己对生活的真情实感和对大海的深情眷恋，作品散发着浓郁的"海腥味"。这些充满大海气息的艺术作品，无一不具有鲜明的地域特色和生活气息。比如在鱼的身上可以画很多的鱼网、海鸥及海洋动物，这些东西巧妙地组合在一起，交织成一个具有民间特色的造型，而形式又是非常新的。再如渔民捕鱼、捕蟹要用到很多工具，渔民画家们表现时可以把不同时间、不同空间、不同视点和各种物体的特征要领错综复杂地交织在一起，也可以把自己感兴趣的东西都描绘在一幅画面中，使画面有很大的生活容量。在造型上不受任何限制，大胆想象，大胆变形，大胆夸张。他们常常以自己的感情为中心，根据需要在同一画面里可以出现仰视、俯视、平视、侧视等现象，构成了舟山渔民画特殊的造型模式。

【人文古迹】

1. 大悲山灵音寺

大悲山灵音寺为嵊泗佛教胜地，西连群峰，东滨大海。建于清同治年间。灵音寺辟山而建，南北各三间厢房，占地总面积400余平方米。大

灵音寺

殿称大雄宝殿，主佛如来佛倚壁而坐，高达一丈，壁后为千手观音，还有天王殿、罗汉堂。

每逢佛期，全县各岛村民结群而至，烧香拜佛数罗汉，颇为热闹。山顶视角甚佳，与基湖、南长涂两大沙滩恰成一等腰三角形，为观赏海上千岛风景、姐妹沙滩的最佳点。

2. 三圣殿

三圣殿位于田岙村东南面，始建于清道光元年（1821）五月，坐东南朝西北，占地440平方米。庙宇由正殿及南北厢房组成，南厢房改造成砖石结构瓦房，围墙环绕成天井，正殿面阔三间，单檐硬山顶，通面阔12米，进深9.2米，用七檩。南北厢房各三间，天井石板铺地，上盖小青瓦。三圣殿在新中国成立后作为生产队仓库，放置渔用工具、网具等。在三圣殿大殿两边有清末壁画12幅，画面虽剥落严重，但佛教人物、劝善故事隐现其中。

殿内有高 0.4 米的古石佛三尊，三圣殿即因此而得名，是当地现存较早且原构件保存完好的庙宇。

3. 鱼雷洞

鱼雷洞位于五龙乡田岙村船厂周边，洞口朝南方向，占地 360 平方米。日军占领嵊泗列岛期间，设司令部于田岙，在菜园镇高场湾、马关镇马迹山、五龙乡小田岙、大小黄沙等地建造鱼雷洞，以供日本

五龙鱼雷洞

海军陆战队放置鱼雷艇。至今小田岙、小黄沙 4 处保存完整。洞高 3 米左右，宽 3 米左右，长 15~30 米。洞呈半圆形，系钢筑混凝土结构，中可藏鱼雷艇 1 艘，洞皆位于沙滩上缘，有船轨直达海中以供鱼雷艇出入。

五龙鱼雷洞是日军侵华之罪证，系爱国主义教育基地。1987 年被公布为县级文物保护单位。

【自然景观】

六井潭位于嵊泗列岛泗礁本岛之最东侧，面临茫茫东海，怪石嶙峋，崖壁陡峭，惊涛拍岸，是观海上日出、看千舟竞发的最佳之处。

附录

关于舟山传统文化村落保护与利用的调研报告

舟山市政协文化文史和学习委
（2019 年 8 月 19 日）

传统文化村落是历史文化遗产的重要组成部分。保护利用好我市具有鲜明海岛地域特色的传统文化村落，是切实落实省委、省政府《关于实施中华优秀文化传承发展工程工作方案》和《关于加强传统村落保护发展的指导意见》，全面实施我市乡村振兴战略，推进渔农村文化复兴、生态文明建设的一个重要举措。2019 年 4 月至 6 月，市政协文化文史和学习委组织界别委员、专家学者在市政协副主席谢永和带领下对我市传统村落、文化古迹等历史文化遗存进行了调研视察，本次调研视察活动得到了各县（区）政府、政协，金塘管委会，市住房和城乡建设局，市农业农村局，市文化和广电旅游体育局，市自然资源和规划局等单位的大力支持。

一、我市传统文化村落保护利用现状及文化特征

目前，全市传统文化村落保护利用工作主要是住建系统的传统村落、历史文化名镇名村的保护发展工作和农业农村系统的历史文化村落保护发展工作（以下统称为"传统村落"）。全市被列入国家级传统村落名录的有 2 个，分别为岱山县东沙镇东沙村和定海区金塘镇大鹏岛村；省级传统村落 3 个，分别为普陀区东极镇庙子湖村、朱家尖街道白沙村和嵊泗县黄龙乡峙岙村。历史文化名镇名村系列，有国家级历史文化名镇 1 个（东沙镇），省级历史文化名镇名村 3 个（定海区马岙镇、岑港街道里钓山村、金塘镇大鹏岛村），省级历史文化村落保护利用村 34 个。这些传统村落、历史文化名镇名村具有鲜明的海洋文化特征，是几千年来耕海牧鱼、梯航泛舟海岛文化的独特印记。

一是反映了海岛特殊的地理文化背景。自古以来，舟山先民惜土如金，村落大多集中于山坡地带，背山面水；建筑用材因地制宜，许多以石为屋，

屋脊建造坚实厚重，以适应海岛风大雨多。二是反映了海岛特殊的佛教文化背景。我市传统村落深受佛教文化浸透，民居建筑中佛教纹饰图案随处可见。如定海柳行村、普陀翁家岙村、岱山石马岙村等村落民居都有浓厚的佛教文化意蕴的装饰纹样。三是体现了海岛特殊的民俗文化风情。我市传统村落民俗乡风浓厚，民间传统艺术绚丽多彩。"舟山锣鼓""观音传说""传统木船制造技艺""舟山渔民号子""谢洋节""翁洲走书""木偶戏""跳蚤会"等国家级、省级非物质文化遗产在传统村落中都有良好的群众基础，是开展乡村旅游不可多得的文化资源。四是体现了海岛丰富的传统文化内涵。我市传统村落具有浓厚的中华传统文化底蕴，村落布局、建筑结构强调人与自然的和谐统一。崇孝敬老、耕读传家风尚也是源远流长，如岱山石马岙村，历史上科举人才济济，如今村里还保留着不少耕读文化的历史印迹。

二、存在的主要问题

近年来，我市对于传统文化村落保护与利用，做了大量工作，科学编制传统村落和历史文化名村保护规划，把传统村落保护利用作为乡村振兴与美丽乡村建设的重要内容来抓，精心打造了定海马岙、普陀展茅横街、岱山东沙、嵊泗花鸟等一批乡土气息浓厚、体现海岛文化积淀的美丽乡村。但对照乡村振兴战略目标与要求，以及国家对传统村落保护发展意见，尚有较大差距，还存在诸多问题。有一些是共性方面的问题，如市、县（区）管理部门与乡镇基层对于传统村落价值的认识有较大落差，现代生活需求与传统建筑保护之间存在新旧矛盾等，这些有待于进一步采取措施。但以下问题我们认为急需得到政府部门重视，并及时出台相关政策予以解决。

一是多头管理，地方性保护政策缺乏特色，导致传统村落保护利用有效性不强。目前，对传统村落保护发展的管理体制还没完全理顺，文化旅游、住建规划、农业农村等部门均有各自管理权限，存在着多头管理、职能交叉、投入资金较为分散等现象，急需制定适合我市传统村落实际，有利于保护利用的政策以及发展措施。

二是保护与发展不平衡，规划与执行存在"两层皮"现象，致使传统村落生态环境完整性日渐衰退。目前，市住建、规划等职能部门虽然建立了传统村落保护规划编制报批机制，但是不少乡镇对于传统村落保护利用规划的执行意识不强，传统村落频遭"撤并扩张性破坏"。同时，由于没有处理好"保护"与"发展"的关系，个别地方传统村落正处于被边缘化的衰落状态之中。

三是传统村落宅基地置换政策滞后，直接影响到农民对传统建筑保护的积极性，部分村落古建筑正在不断破败消失。目前，农村宅基地管理办法中"农村村民一户只能拥有一处宅基地""新建住宅应尽可能使用原有宅基地和村内空闲地"等政策规定，间接导致了部分有一定保护价值的古建筑被拆除而新建。为保持传统村落原有空间环境和风貌的完整性，急需出台新的传统村落宅基地置换政策。

四是传统村落及文物遗存保护与利用工作不平衡。大多数县（区）、功能区不仅领导重视，而且有关部门也认真履职，传统村落及文物遗存保护与利用工作做得相对较好。但也有一些地方领导还不够重视、有关部门履职也不够到位，以致出现该列入保护的传统村落及文物遗存得不到有效保护与利用，上级有关职能部门也存在督办不力等问题。

三、主要建议

传统村落是中华文化的根基，我们必须站在历史发展的高度去努力寻求传统村落保护与经济发展良性循环的路径，使得传统村落保护利用和乡村振兴相辅相成、相互促进。

（一）充分发挥各级政府主导作用，有效整合建设项目、资金和各方力量，实现保护利用的有效性

浙江省《关于加强传统村落保护发展的指导意见》（浙政办发〔2016〕84号）指出：要充分发挥各级政府主导作用，将传统村落保护发展纳入当地经济社会发展总体规划。我们建议：一是鉴于目前传统村落保护利用的管理现状，建立市、县（区）两级传统文化村落保护与利用联席会议制度，定期研究重大问题。二是针对机构改革使规划、建设和管理职能分离，后续部门协调沟通更复杂的实际情况，要创新政府部门信息互联互通、资源共享工作模式，推进部门间进一步密切工作联系，形成协同有力、共同推进的良好工作氛围和协作机制。三是各县（区）政府（包括功能区）要切

实承担起传统村落保护工作的主体责任，做到责任到位、资金到位、监管到位，有关乡镇（街道）要明确专人具体管理和实施项目，村"两委"主要负责人要承担传统村落管理的具体工作。四是要加大专项资金投入，有效整合相关项目建设以及资金使用，避免重复投入，并通过建章立制、强化监管，促进我市传统村落实现科学、高效、统一的保护利用管理。五是市级有关部门要加强指导和监督，并制定相关行业规划，做到全市各县（区）、功能区的传统村落及文物遗存保护标准相对统一，使应纳入保护的传统村落及文物遗存不遗漏。

（二）借势助力，协调发展，创新和拓宽传统村落保护利用渠道

一是充分依靠乡村振兴国家战略大势，把传统村落保护与利用纳入全市乡村振兴建设步骤之中，按照《乡村振兴战略规划（2018—2022年）》提出的"要统筹保护、利用和发展的关系，努力保持村庄的完整性、真实性和延续性"要求，确保传统村落保护工作落到实处、见到实效。二是坚持保护保全与科学利用互促共进，充分发挥传统村落资源禀赋优势，发展乡村旅游、乡村民宿等相关产业，积极探索以旅游开发促保护利用的有效途径，着力激发传统村落的生机与活力，让传统村落这一稀缺文化资源成为当地村民致富的一个渠道。三是广泛借助乡贤资源，让乡愁文化、乡愁情结成为我市传统村落保护与利用的一个重要力量。

（三）加快制定实施传统村落保护与利用的地方性法规，科学合理规划，实现传统村落保护利用的科学化、规范化

一是依据我国现有的相关法规和本市实际情况，尽快制定实施传统村落保护的地方性法规，将保护工作纳入法制轨道，从法制层面为传统村落的认定、保护、规划利用等提供刚性约束。二是依法依规科学编制或修编传统村落保护发展规划，严格履行规划审批程序，规范建设行为，推进保护规划全覆盖、严落实。特别要切实解决保护规划执行刚性不够的问题，确保规划如期落地。三是根据调研中发现的问题，我们建议在规划实施过程中要合理安排传统文化名镇名村的建设用地和宅基地指标，建立古建筑产权置换保护机制。对整体文化环境保存比较完整的传统村落，凡是古建筑原产权人自愿将产权转让给政府或集体的，政府和集体给予另选宅基地

安置的优惠政策；对有一定代表性、文物价值较高、原生环境遭到破坏的古建筑，如原产权人有转让意愿，政府应及时启动产权置换保护机制收购搬迁，实行异地保护。

（四）建立传统村落保护利用专家决策咨询委员会，充分挖掘海岛传统村落的文化价值

传统村落保护与利用工作是一项浩大的系统工程，必须突出政府和民间组织的指导作用，建议市级层面成立一个由各方面专家和实际工作者组成的传统村落保护利用开发决策咨询机构，加强对各县（区）、功能区保护利用工作的业务指导，加大对传统村落历史文化的研究力度。同时，各地各级政府要舍得投入，可采取发挥本土秀才和引进外来专家相结合的办法。也可通过与高校、学会等学术研究机构合作，如尝试建立村镇文化研究平台等，加大对传统建筑、传统艺术、人文典故、传统民俗、地域风情等非物质文化遗产的发掘力度，彰显海岛传统村落建筑文化、农耕文化、生态文化等物质文化的独特魅力，让传统村落真正有历史、有文化、有品位。

附件：

舟山传统文化村落保护与利用调研主要考察对象及其评价和具体建议

一、定海区金塘镇大鹏岛

（一）基本情况：2016年12月，定海区金塘镇大鹏岛村被列入第四批中国传统村落名录，该村有国家级重点文物保护单位1处，即太平山灯塔；市级不可移动文物30处，主要类别为古建筑和近现代古迹，其中传统建筑占村庄建筑总面积30%，地域文化特征十分鲜明，其不求规整的院落结构，横向扩展的建筑平面，广泛使用石材等建造特点，反映了大鹏岛村特有的文化背景和传统生活方式。

（二）评价与建议：大鹏岛村是我市历史文化遗存、自然生态环境保存较为完整的不可多得的传统村落，该村传统建筑数量多，原生态环境保

存良好，是展现舟山海岛文化遗产的一个重要历史古迹，有着很高的建筑文化价值、历史文化价值和较大的旅游开发潜力。

为此，建议：一是选择一个传统民居相对集中、自然生态环境完好的区域，进行传统村落文化生态修复构建，对个别空置的、有保护价值的传统民居，如有几幢位于较为偏远之地的传统民居，可尊重村民的意愿和选择，通过政府购置或市场化运作等方式，进行整体平移重建，探索具有可行性保护发展的传统民居易地整合重构路径，修复大鹏岛传统村落的文化生态。二是充分依托大鹏岛村的自然资源，通过开发民宿、海岛乡村旅游等文旅耦合发展等方式，促进村落文化资源的转化发展和村民生产生活的良性发展，实现传统村落保护与社会经济协同推进。三是鉴于目前大鹏岛"空心化"现状以及村中文化、娱乐、医疗等公共设施的缺乏，建议加大公共设施的财政投入，将村落公共设施建设列入民生工程，使村民成为传统村落保护的首要受益者和责任人。四是设立市区两级传统村落保护发展政府专项资金，为大鹏岛传统村落保护利用发展托底。同时，出台政策鼓励社会力量参与大鹏岛传统村落的保护发展，建立起政府推动、社会参与的协同保护发展机制。

二、定海区岑港镇里钓山村

（一）基本情况：2012 年，定海区岑港镇里钓山村被省政府命名为第四批省级历史文化名村。里钓山村呈南北走向，长 1.98 公里，宽 0.77 公里，陆域面积 1.64 平方公里。岛上石质优良，以前村民以石为业，旧时称石宕里。明末清初时，即开采石板、块石和各类建筑石料，其"钓山版"石板曾名闻遐迩，广泛行销于定海、宁波、镇海等浙东沿海地区。村居集聚于岛的南端，依宕而建，依山傍海。目前，百年以上的建筑约有 11 幢，还有新中国成立初期的礼堂、学堂等公共建筑以及众多石雕建筑小品，石砌建筑群落保存相当集中完整，地域建筑文化特性明显。

（二）评价与建议：里钓山村传统民居石文化特征明显，传统石砌民居顺应自然，融于自然；民居院落就地取材，实用节能；石砌墙体，蕴含乡土美学审美理念。但由于长期以来缺乏重视和有效保护，不少民居损坏严重，原"钓山版"采石技艺也即将销声匿迹，对其整体实施抢救性保护迫在眉睫。

为此建议：一是实施整体保护。对巷道，宕口，山体，废弃的旧石屋、旧石墙等与之相关的元素等一并加以保护，以充分展现石砌建筑所依托的特有的建造环境与公共空间意象，维护好里钓山村落原有的空间特性和风貌。二是可将"钓山版"制石技艺列入非物质文化遗产予以抢救和传承。对老石雕艺人、采石匠等乡村老师傅，要抓紧通过录音录像等方式使其传统手工技艺留下宝贵资料，同时合理规划石资源开发利用，开设手工石雕小作坊，制作石雕工艺品，传承好"钓山版"制石技艺。三是对已废弃的里钓山小学校舍、里钓山礼堂等公共建筑加以适当改造，开辟为不同形式的主题博物馆，展示里钓山村石文化及历史。四是完善公共基础设施，创设适宜旅游环境。

三、普陀区东港街道塘头村

（一）基本情况：塘头村，面积 8.59 平方公里，居民 1230 户、3958 人。该传统村落与普陀山以莲花洋相连，拥有原始海岸线 10 余公里，文化底蕴深厚，区域佛教文化历史悠久。民国初年，塘头有 100 余艘小舢板，专为去普陀山的香客服务。塘头的佛茶基地也源于普陀山的礼佛需要输入而成规模。区域内有天后宫、大舜庙、章财庙，以及道慈大和尚旧居遗迹等。目前，东港街道根据塘头村地理位置、自然资源、人文底蕴，以"莲花洋禅意小镇"功能定位，按照"一轴一岛一心四区"空间布局框架，对塘头村进行规划开发。

（二）评价与建议：打造塘头村普陀莲花洋禅意小镇，有利于塘头区域的整体开发，有利于助推普陀山西部的建设发展，也有利于沈家门渔港小镇、展茅田园综合体及朱家尖禅意小镇的协同推进。

为此建议：一是高起点做好禅意小镇建设规划，加强与东港新城的协同发展，强化生态效益、社会效益、经济效益等多效益融合统一。二是加强对岸线资源的保护、开发和利用，科学合理确定岸线功能，为舟山本岛留下这段蜿蜒连绵、最原始、最美丽的海岸线。三是提升改造现有宗教寺院设施，谋划普陀佛茶文化节永久场馆，建设普陀佛茶体验区及禅修精舍、养生中心等禅修养生基地，进一步丰富佛教文化内涵。

四、普陀区桃花镇乌石子村

（一）基本情况：乌石子村，位于普陀区桃花岛东南端，背山面海，因村所在地海滩有一大片乌石子而得名。乌石子村是一个纯渔业村，20 世纪80年代之后，随着渔业资源的衰退，村民生产作业方式的调整，大批村民搬迁外地生活，如今非常完整地保留了40年前海岛渔村风貌，青山绿波，交相辉映，砖墙灰瓦民房，依山层递而上，给人以自然清幽宁静之感。

（二）评价与建议：乌石子村，有着良好的自然生态环境，纯一无杂的民居村貌，500余米长的清一色乌石子海滩，可撒网可垂钓的广阔海洋，在游人如织的桃花岛景区，其如此天然纯静的环境，是一处非常难得的有待开发的休闲胜地。

建议及早部署制定村落环境保护规划，加强村落道路、卫生、饮水等基础设施的投入改造。

五、岱山县岱东镇上船跳村

（一）基本情况：上船跳村，面积约240亩，常居户籍164户。自2012年起，岱东镇依托秦朝徐福东渡途经蓬莱岱山，在上船跳登陆的传说，以"一村诗画山水，千年人文徐福"为文化内涵，充分挖掘上船跳村旅游资源，融历史文化与民间传说于一体，对村口牌坊、村落道路、房屋立面、池塘水系、花坛菜畦等进行统一整合、改造，已初步形成以海洋湿地公园、玻璃生态大棚为主体的生态观光区，以民宿、野餐、烧烤为主体的互动体验区，以窑洞酒吧为主体的人文休闲区等三大休闲旅游板块，被评为国家3A级乡村旅游景点。

（二）评价与建议：上船跳村将历史文化元素融入美丽乡村建设之中，已是当地市民节假日观光休闲的一个主要去处，对于传统村落与乡村旅游结合具有一定的示范性。

为进一步提升上船跳村乡村旅游影响力，建议：一是以徐福文化作为整个村落规划建设的核心主题，来统领整个村落布局，突出养生文化，彰显海上丝路，改变目前徐福文化渗透不深，以及形式单一、内涵肤浅等不足。二是以上船跳村传统烧陶结绳作业为旅游特色亮点，丰富窑洞酒吧区块文化内涵，打造烧陶结绳等方面的活动项目，突出上船跳村耕海牧渔历史文化，丰富游客动手参与性。

六、岱山县岱东镇曹家古宅

（一）基本情况：曹家古宅位于岱山县岱东镇北峰村，岱东历史久远，北峰村的大舜庙后墩遗址是省文物保护单位。北峰村曹家曾是岱东乡政府所在地，其曹家古宅院，为清末民初建筑。其中一幢为二层楼房，约建于民国初期，三合院式，建筑装饰呈简洁明快的现代风格。其他几幢古宅院，建筑风格皆为海岛舟山传统民居样式，特别是其中一幢台墙门古宅，院落结构完整，墙门气势轩昂，装饰图纹精美，雕凿细腻生动，文化寓意深厚。

（二）评价与建议：北峰村曹家古宅建筑规格、布局、装饰等方面，具有丰富的传统文化内涵，既有儒家文化中的"中庸""以和为美"的理念，也有道家人与自然和谐思想的文化渗透，体现了当时人们的审美趣味和价值观念，具有较高的建筑文化价值。

建议相关部门组织专家对曹家古宅作进一步考察评估，并列入县级文保单位予以保护。

图书在版编目（CIP）数据

乡约海岛：舟山历史文化村落调查研究 / 贝武权，
王文洪著 . — 秦皇岛：燕山大学出版社，2021.5
　　ISBN 978-7-5761-0134-8

　　Ⅰ.①乡…　Ⅱ.①贝…②王…　Ⅲ.①村落–调查报
告–舟山　Ⅳ.① K925.55

中国版本图书馆 CIP 数据核字（2020）第 250143 号

乡约海岛——舟山历史文化村落调查研究
XIANGYUE HAIDAO ZHOUSHAN LISHI WENHUA CUNLUO DIAOCHA YANJIU

贝武权　王文洪　著

出 版 人：陈　玉
责任编辑：柯亚莉
封面设计：钱　塘
出版发行：燕山大学出版社 YANSHAN UNIVERSITY PRESS
地　　址：河北省秦皇岛市河北大街西段 438 号
邮政编码：066004
电　　话：0335-8387555
印　　刷：英格拉姆印刷(固安)有限公司
经　　销：全国新华书店

开　　本：710mm×1000mm 1/16　　印　张：9　字　数：130 千字
版　　次：2021 年 5 月第 1 版　　印　次：2021 年 5 月第 1 次印刷
书　　号：ISBN 978-7-5761-0134-8
定　　价：88.00 元